家藏文库

地藏经　药师经

朱丽霞　注译

中州古籍出版社
·郑州·

图书在版编目(CIP)数据

地藏经　药师经 / 朱丽霞注译. —郑州：中州古籍出版社，2016.2（2023.5重印）
（家藏文库）
ISBN 978-7-5348-5506-1

Ⅰ.①地… Ⅱ.①朱… Ⅲ.①佛经 ②《地藏经》-译文 ③《药师经》-译文 Ⅳ.① B942.1

中国版本图书馆 CIP 数据核字（2015）第 203952 号

JIACANG WENKU：DIZANG JING YAOSHI JING

家藏文库：地藏经　药师经

出 版 人	许绍山
选题策划	卢欣欣
约稿统筹	卢欣欣
责任编辑	刘　晓
责任校对	牛冰岩
封面设计	王　歌
版式设计	曾晶晶

出 版 社	中州古籍出版社（地址：郑州市郑东新区祥盛街 27 号 6 层　邮编：450016　电话：0371-65723280）
发行单位	河南省新华书店发行集团有限公司
承印单位	河南新华印刷集团有限公司
开　　本	640 mm × 960 mm　1/16
印　　张	13.5 印张
字　　数	220 千字
版　　次	2016 年 2 月第 1 版
印　　次	2023 年 5 月第 5 次印刷
定　　价	24.00 元

本书如有印装质量问题，请联系出版社调换。

目 录

地藏菩萨本愿经 ［唐］实叉难陀译

前 言 …………………………………………………… 3

卷 上
忉利天宫神通品第一 …………………………………… 15
分身集会品第二 ………………………………………… 41
观众生业缘品第三 ……………………………………… 48
阎浮众生业感品第四 …………………………………… 55

卷 中
地狱名号品第五 ………………………………………… 71
如来赞叹品第六 ………………………………………… 77
利益存亡品第七 ………………………………………… 90
阎罗王众赞叹品第八 …………………………………… 97
称佛名号品第九 ………………………………………… 107

卷 下

校量布施功德缘品第十 ………………………………… 113

地神护法品第十一 ……………………………………… 120

见闻利益品第十二 ……………………………………… 123

嘱累人天品第十三 ……………………………………… 137

药师琉璃光如来本愿功德经　［唐］玄奘译

前　言 …………………………………………………… 145

经　文 …………………………………………………… 155

参考书目 ………………………………………………… 207

地藏菩萨本愿经

[唐] 实叉难陀译

前　言

《地藏菩萨本愿经》是中国汉地流传很广、深受广大信徒重视的一部经典。《地藏菩萨本愿经》与《占察善恶业报经》、《大乘大集地藏十轮经》一起被称为地藏三经。与此三经密切相关的还有对此三经的注疏，以及忏仪、行法类的杂藏和灵感记等。在《地藏菩萨本愿经》的推动下，地藏菩萨信仰在中国佛教信仰体系中也占据了极为重要的地位，地藏菩萨与观音菩萨、文殊菩萨、普贤菩萨一起被尊为中国四大菩萨。其中，地藏菩萨又以"悲重愿深"而著称，其"地狱不空，誓不成佛"的誓愿在中国几乎家喻户晓。《地藏菩萨本愿经》较为集中地介绍了地狱的状况，以及众生解脱生死、忏悔业障、救拔亲人苦难的种种方法。

一、概　述

《地藏菩萨本愿经》，又名《地藏本行经》、《地藏本誓力经》，简称《地藏经》，收在《大正新修大藏经》（《大正藏》）第十三册，分为上、下两卷，后世为诵读方便，将其分为上、中、下三部分，共十三品。

对《地藏菩萨本愿经》的注疏，有秦溪大师青莲灵椉定文、门人岳玄排出《地藏经科》，高泉、灵椉《地藏菩萨本愿经纶贯》，高泉、灵椉

《地藏菩萨本愿经科注》。此三卷章疏都刊于《卍字续藏》第三十五册，其实均是清代沙门灵桀所作的注。按照张总在《地藏信仰研究》中的介绍，这三部注疏的内容分别为人法为名，不思议性识为体，不思议行愿为宗，不思议方便为用，无上醍醐为教相等。净空法师对灵桀所作《地藏菩萨本愿经科注》评价极高。另外，还有《地藏菩萨本愿经演孝疏》，是清代沙门知性所述。

关于《地藏菩萨本愿经》的译者，《大正藏》版本下写作唐朝的实叉难陀。实叉难陀（652～710），意译学喜，唐朝于阗（今新疆和田）人，《宋高僧传》卷二说他"善大小乘，旁通异学"，是唐代著名的翻译家之一，据《开元释教录》记载，他翻译的佛经共计十九部，一百零七卷，其中最重要的就是大本《华严经》。武则天以前，在晋代时，《华严经》曾被译出六十卷，她听说晋代译得不全，于是派人去于阗取回梵文全本，并亲自组织译经活动。这次《华严经》的翻译就是由实叉难陀担任主译，菩提流志和义净共参其事，证圣元年（695），在洛阳大遍空寺开始翻译，到圣历二年（699）翻译完毕，共八十卷，亦称唐译华严。八十卷本的《华严经》是华严宗的宗经，武则天对其非常重视，亲自为其撰写序文。除了《华严经》，实叉难陀翻译的《大乘入楞伽经》（七卷）也很重要。但是，《开元释教录》中所载实叉难陀翻译的经本中并无《地藏菩萨本愿经》，据此，游侠先生在实叉难陀的小传结尾说，后世还流行着一种不见于旧录的疑伪经——《地藏菩萨本愿经》，亦题为唐实叉难陀译，亦为伪托。[①]

《地藏菩萨本愿经》的译者还有另外的一种说法：国家图书馆所藏的

---

① 中国佛教协会编：《中国佛教》（第二辑），上海：东方出版中心1982年，第219页。

"明绣本"经卷端所题的是"三藏法师法灯译"。这种说法比较少见，通览国家图书馆普通古籍现存的佛经，只有清乾隆五十三年（1788）刻本和道光八年（1828）抄本两部经书与之相同。此外，经初步的查考，北京大学收有一部同名译者的明刻本（《北京大学图书馆藏古籍善本书目》），山西省图书馆收有一部清刻本（《山西省图书馆普通线装书目录》）。① 而法灯（或者法炬）作为译者的说法，在明代就受到质疑，明莲池大师（1535~1615）《唐译地藏经跋》（《莲池大师全集》第七册）中说："地藏经译于唐实叉难陀，而时本译人为法灯、法炬，不著世代，不载里族，于藏无所考。虽小异大同理固无伤，而核实传信必应有据。"因为关于法灯的一切信息都暗昧不明，所以目前学术界也很少采信这个说法。

学术界不仅认为《地藏菩萨本愿经》的译者是伪托的，而且对于此经本身的真伪也存在纷争。比如日本学者松本文三郎认为此经是依仿净土经典叙述阿弥陀佛之本愿，以《地藏十轮经》为骨架，增补而成之伪经。中国的学术界在这个问题上分为两派，众说纷纭。但《地藏菩萨本愿经》无论是来自印度还是中土伪造的，无论是在明代以前就存在还是出现于明代，这些都不影响该经在中国佛教史中的重要地位，也不会动摇地藏菩萨作为中国菩萨信仰的核心之一的地位。佛经的真伪并不是判断其信仰价值的标准，关于这一点，印顺法师在《大乘起信论讲记》中的观点就非常具有代表性。他说：

一、印度传来的不一定都是好的。中国佛教界一向有推崇印度的心理，以为凡是佛典，只要是从印度翻译来的就对；小乘论都是罗汉

---

① 参见苏晓君《国家图书馆藏绣本〈地藏菩萨本愿经〉述略》，《国家图书馆学刊》2003年第2期。

作,大乘论都是了不起的菩萨作。其实,印度译来的教典,有极精深的,也有浮浅的,也有杂乱而无章的。所以,不要以是否从印度翻译过来,作为佛典是非的标准。而且,印度也不少托名圣贤的作品;即使翻译过来,并不能保证它的正确。二、中国人作的不一定就错。佛法传到中国来,中国的古德、时贤,经详密的思考,深刻的体验,写出来的作品,也可以是很好的。如天台宗的典籍,主要是"智者大师说"的,不也还是照样的崇敬奉持!有些人,重视佛法的传承,以为从印度传来的,就是正确的;中国人造的,都不可靠,这看法是太不合理了。其实师资传承,也仅有相对的价值。印度、藏地,都大谈师承,还不也是众说纷纭,是是非非吗?我们应该用考证的方法,考证经论的编作者,或某时代某地方的作品;但不应该将考证出来的结果,作为没有价值或绝对正确的论据。①

印顺法师的这段话虽然是针对《大乘起信论》的真伪之争而发的,但实际上是适用于中国很多被认为属于"疑伪"的重要佛教论典,包括《地藏菩萨本愿经》。

二、《地藏菩萨本愿经》的宗旨

《地藏菩萨本愿经》的内容,宣化上人在《地藏经讲解》中认为,这一部经的宗旨有八个字:孝道、度生、拔苦、报恩。实际上,孝道和报恩可以合二为一,因为,报恩主要指的是报父母恩。《地藏菩萨本愿经》中,孝道和报恩的侧重点都和儒家有所区别,着重指的是对堕入恶道的父母眷属,包括前七世、甚至生生世世的父母眷属的超拔问题。所以,儒家

---

① 释印顺著:《大乘起信论讲记》,北京:中华书局2010年,第5~6页。

的孝指的是"生养",而《地藏菩萨本愿经》中的孝则指的是"死度",即便如此,双方的指向性归根结底是一致的,即实现对父母的孝道。同时,度生和拔苦这两个问题也不能截然分开,因为解决这两个问题的共同起点只有一个:对地藏菩萨的信仰。而度生和拔苦的最终导向都是成就无上佛道,其逻辑起点和终点是一体的。

由此可见,《地藏菩萨本愿经》的核心内容就是六道众生如何离苦得乐的问题。而要解决这个问题,最重要的方式、方法之一就是信仰地藏菩萨。这里所说的"信仰"除了内心的虔敬之外,对外还可以表现为对地藏菩萨像、名号、经典的布施供养、称念、读诵。而信仰地藏菩萨之所以会产生如此众多的利益的根本原因就在于地藏菩萨具有利益众生的宏大本愿。所以,《地藏菩萨本愿经》的核心内容总结起来主要有三个方面:本愿、拔苦、孝道。

1. 本愿。《地藏菩萨本愿经》中贯穿前后的线索就是释迦牟尼佛一直称扬、赞叹的地藏菩萨的本愿力及为实现其誓愿的种种事迹。本愿指"因位"的誓愿,全称本弘誓愿,又写作本誓、宿愿,即佛、菩萨于过去世未成就佛果以前为救度众生所发起的誓愿,在昔日"因位"发愿至今日得其果,故对"果位"而称本愿。此外,"本"又作"根本"理解,菩萨的心量虽然广大,誓愿亦无量,但以某一愿为根本,故称"本愿"。本愿是菩萨修行的目标和原动力。在佛教中,本愿又分为总愿和别愿两种。总愿指所有佛、菩萨共同的心愿;别愿是每一位佛、菩萨根据自己的情况而发下的誓愿。总愿最典型的代表是"四宏愿",即众生无边誓愿度,烦恼无尽誓愿断,法门无边誓愿学,佛道无上誓愿成,归结起来就是"上求菩提,下化众生",这是大乘佛教自利、利他精神最集中的体现。别愿就是特殊的,属于某一位佛、菩萨所特有的,个体化的誓愿。地藏菩萨的本愿属于别愿,虽然也有"上求菩提"的希求在里面,但最主要的落脚点则在于"下化众生","下化众生"是第一位的、决定性的，它制约着"上求菩提"的完成，这就是《地藏菩萨本愿经》第四品中所说的"愿我自今日后，对清净莲华目如来像前，却后百千万亿劫中，应有世界，所有地狱及三恶道诸罪苦众生，誓愿救拔，令离地狱恶趣、畜生、饿鬼等。如是罪报等人，尽成佛竟，我然后方成正等正觉"。不仅如此，地藏菩萨本愿中，在"下化众生"的部分中，众生特指堕入或者将会堕入三恶道，尤其是堕入或者将会堕入地狱的众生。但是，由于阎浮提众生不断地造恶受报，所以从某种意义上讲，地藏菩萨誓愿的完成遥遥无期，甚至永无完成之期，只要世间的恶存在，地藏菩萨就在，只要世间的苦存在，地藏菩萨就在，他必不舍弃众生自己先成佛。因此，地藏菩萨凭借着自己的本愿，成为人佛关系之间永恒的保障，也成为人世间永恒的希望。

2. 拔苦。大乘佛教慈悲精神具体的展开就是慈对等于"与乐"、悲对等于"拔苦"。《地藏菩萨本愿经》虽然也讲"与乐"，也就是"慈"之精神，但讲得比较笼统，多数以"得生人天，受胜妙乐"带过，且只是"拔苦"的必然性结果。经中讲得最多的是"拔苦"，这里的"苦"包括人天之苦和地狱之苦，其中地狱之苦又是重点。

在某种意义上，《地藏菩萨本愿经》在众生的一期生命过程中，甚至不讲纯粹的人天之苦，相反，人天的生活苦乐相参，与地狱众生相比，是"胜妙乐"，这与佛教最初所讲的"一切皆苦"就有了差异。人天之苦的集中展现是"死苦"，例如，天道的苦主要指的是当天众临死之际，出现"五衰相"。化解的方法是：小至对地藏菩萨像、地藏菩萨名号一瞻一礼，大到用香、花、衣服等行布施、供养，都可以使天众不堕入三恶道。

对于人道的有情来说，"拔苦"包括两个方面：让生者离苦得乐，让死者离苦得乐。根据《地藏菩萨本愿经》，生者的苦主要是围绕着衣食住行所产生的不完满性，比如贫穷、盗贼、疾病、横祸、罪业等问题。解决这些问题的方式与解决天道众生的问题方式是相同的,即虔敬、布施、供养地藏菩萨像、名号、经典等。对于临死不能独立完成这些行为者,则由亲眷代为完成,只是所用来供养的物品则是临终之人自己的。对于亡者来说,最大的苦则来自地狱。《地藏菩萨本愿经》详细地描述了地狱的地理位置、种类、数量以及其中的种种酷刑,应该是佛教所有经论中地狱的范本。

在《地藏菩萨本愿经》中,地狱众生所受之苦是非常惨烈的,如《观众生业缘品第三》中所说的"千百夜叉及以恶鬼,口牙如剑,眼如电光,手复铜爪,拖拽罪人。复有夜叉,执大铁戟,中罪人身,或中口鼻,或中腹背。抛空翻接,或置床上。复有铁鹰,啖罪人目。复有铁蛇,缴罪人颈。百肢节内,悉下长钉,拔舌耕犁,抽肠锉斩,烊铜灌口,热铁缠身"。这种令人惊悚的罪罚是缺乏道德自律者的必然下场,也警示人必须弃恶扬善,其伦理教化企图十分明显。地狱中的苦不仅深重,受苦的时间也非常漫长,"万死千生",还在地狱之中,"动经亿劫,求出无期"。如此罪罚,包括"五无间罪"所招致的更严酷的刑罚并不是不可逆的,也不是无法消除的,《地藏菩萨本愿经》有各种善巧方便来拔除苦痛,即便是犯了重罪的众生依旧是有出路的。具体而言,《地藏菩萨本愿经》中,针对临终之人、初亡之人、久死之人,救拔罪苦的方法是略有不同的,但从总体上看,除了自己布施供养诸佛、菩萨,尤其是地藏菩萨之外,主要是亲眷替其行善积福,所以,恶获得救赎的出路依然在于善,信仰之核心是善。《地藏菩萨本愿经》中"拔苦"的方法与中国血亲社会珠联璧合,既体现了在宗教救赎方面"血亲"之间的守望相助,也是中国孝慈观念的合理推演。《地藏菩萨本愿经》的核心主旨便是:在神圣界,只要依靠佛、菩萨,在人世间,只要依靠亲眷,所有的苦难都可以化解,所有的罪恶都可以被救赎。

3. 孝道。佛教主要以三部经，即《佛说孝子经》、《佛说盂兰盆经》以及《地藏菩萨本愿经》，来宣扬孝道。《地藏菩萨本愿经》又常常被称为佛门《孝经》，甚至于佛门第一《孝经》。孝敬父母在《地藏菩萨本愿经》的一开始就显现出来：此经的内容是由佛在忉利天宫为母亲摩耶夫人说法而引发的，这是言传身教的典范。而地藏菩萨往昔为婆罗门女和光目女时，她们都救拔了堕入地狱中的母亲，并由此发下更广的誓愿，救度一切罪苦众生。更何况经中还有子女诵经，念佛，供养佛、菩萨以超度历世父母的内容。此外，此经中还提到"若有众生不孝父母，或至杀害，当堕无间地狱，千万亿劫，求出无期"，所以不孝顺父母属于"五无间罪"之一。

但是，《地藏菩萨本愿经》所讲的孝道与儒家的孝道有所不同。儒家的孝道注重孝养现世的父母，包括继承他们的志业等；《地藏菩萨本愿经》则注重对于亡父、亡母的救度和超拔，这是儒家孝亲观念的丰富和发展。《地藏菩萨本愿经》将中国传统的孝道由生推及死，由一世父母推及前世父母，使中国的孝道眼界周全，层次丰满。所以，从《地藏菩萨本愿经》的角度看，儒家的孝乃是免除父母一世烦忧，属于小孝；而佛家可以免除历世父母的沉沦，这属于大孝、至孝。

三、《地藏菩萨本愿经》的注释

近代以来，对《地藏菩萨本愿经》注释、讲解、研究的工作一直在持续进行。在注释、讲解方面，具有代表性的作品有：1. 胡维铨演述、范古农校正的《地藏菩萨本愿经白话解释》。范古农在其序言中提到这个解释本的特点有三个：一者，欲使阅者对于经文意义得充分之明了，故不惮重复演说；二者，以警恶劝善，离苦得乐为原则；三者，用开导方法，务使阅者起信。也就是说胡维铨解释的《地藏菩萨本愿经》纯粹是为了推进地藏菩萨信仰的进一步盛行。2. 宣化上人的《地藏菩萨本愿经浅释》。宣化上人所注之文字浅显易懂，内容逐句详尽解释，并结合了大量的例证，可读性极强。3. 吴信如的《地藏经法研究》。吴信如认为地藏经法是一部圆融大小、显密、世出世法之大法，所以他解释《地藏菩萨本愿经》一则侧重地藏法门方面的内容，二则加入了密教的解读视角。4. 释净空的《地藏菩萨本愿经讲记》。净空法师的讲本并非逐字逐句的解读，而是倾向于对经文义理的整体把握，为此加入了许多古今实例，这是一个对《地藏菩萨本愿经》有所了解之后方能参阅的注本。5. 许颖译注的《地藏经·药师经》。这个注本与佛教界高僧大德的注释有所不同，排除了信仰的立场，作者从佛教文化经典解读的角度注释《地藏菩萨本愿经》。它属于学术界注释经本的范本。6. 张崇依译注的《地藏经·药师经译注》。其译注风格与许颖注本较为接近，但较许颖注本简略。除此而外，佛教界法师讲述、讲解《地藏菩萨本愿经》者也颇多，如圣一法师、大愿法师等，各有特色，不再一一赘述。

关于《地藏菩萨本愿经》的研究，代表性的著作有张总的《地藏信仰研究》、尹富的《中国地藏信仰研究》。前者文献与文物、图片相结合，分别从文献记载、文物考古、民俗信仰及域外影响四个方面对地藏菩萨信仰的历史遗迹作全方位的搜寻与描述，为国内系统研究地藏信仰的首部力作。尹富的《中国地藏信仰研究》则正如著作的前言所介绍的那样，在文献学研究的基础上，吸收西方学者对宗教信仰所采取的一些研究方法，既揭示出地藏信仰发展的历史线索，又对不同时期的地藏信仰的社会样态进行考察，并在一定程度上以地藏信仰史为中心，揭示中国佛、菩萨信仰发展的总体规律。这两部著作在地藏信仰以及《地藏菩萨本愿经》研究方面，具有重要的学术价值。

这次对《地藏菩萨本愿经》所作的注释，所依据的底本为收入《大正新修大藏经》(《大正藏》)第十三册的《地藏菩萨本愿经》，同时采用了通行本的分卷法。在注释的过程中，力求用最平实的语言加以准确表述；在义理解释方面，做到最大限度地忠实于经本的原意，不过度诠释、不延伸解读。

在具体细节方面，一是不仅注释佛教术语，同时还增加了对一些生僻的古代词语的注释，增加经本的可理解性；二是在经句的点断方式上，做了适当调整，既没有采取整品注释的方式，也没有采取整句注释的方式，而是将内容相近的段落放在一起注释，增加读者阅读的便利性。

这次对《地藏菩萨本愿经》所作的注释，兼顾学术性与通俗性，既适合佛教信徒阅读，也适合一般研究者阅读、借鉴。

本人在佛学研究方面的造诣尚浅，所作注释难免出现错讹，请读者指正并谅解。

四、释经名

《地藏菩萨本愿经》，由唐代于阗国三藏沙门实叉难陀译。具体注释如下：

地藏：梵文音译乞叉底蘖婆。地即土地，具有能生、能载、能藏、能依等意义，一切万物都从大地而生，土地含藏一切宝藏。藏是含藏、伏藏之义，指菩萨犹如大地，功德利益万千众生；又能含藏一切功德，自利、利他。即《大乘大集地藏十轮经》中说的"安忍不动，犹如大地；静虑深密，犹如秘藏"。　菩萨：菩提萨埵的简称，意译为道众生、觉有情等，指发大心为众生求无上道的人。　本愿：愿是希求、愿望。本愿指"因位"（未到佛果之前的修行位）的誓愿，即佛及菩萨于过去世未成佛果以前为救度众生所发起的誓愿。　经：音译为修多罗、素怛缆，直译为织物的纵线，一般译为契经。经有两层意思：一是三藏之一，对于律及论而言，即佛所说的教法。二是十二部经之一，指佛经中直说的长行，即散文。

于阗：又称于寘等，西域古国，位于今天新疆西南部，即和田一带。

三藏：藏，"摄"之义，即总摄一切所应知之义。三藏指经藏、律藏、论藏。经藏指佛陀所说的经文。律藏也译作毗奈耶藏，指佛陀所制定的律仪以及有关教团生活的规则。论藏，音译为阿毗达磨藏、阿毗昙藏。意译作对法藏，指对佛典经义加以论议，化精简为详明，以判析诸法的性相。论藏是佛弟子对佛陀教说的进一步发展，是佛弟子对佛陀教说的组织化、体系化的论议解释。　沙门：音译沙门那的略称，又译作桑门等。意译作息心、勤息、修道等，是出家者之总称，佛教和其他宗教通用，都是指剃除须发，止息诸恶，善调身心，勤行诸善，期望获得涅槃的出家修道者。　实叉难陀："实叉难陀"是梵文，汉文的意思是"学喜"，在这里是指唐代著名的佛经翻译家。

卷 上

忉利天宫神通品第一

如是我闻①：一时②，佛③在忉利天④，为母说法。尔时，十方⑤无量世界⑥，不可说不可说一切诸佛，及大菩萨摩诃萨⑦，皆来集会。赞叹释迦牟尼佛，能于五浊⑧恶世，现不可思议⑨大智慧⑩神通⑪之力，调伏⑫刚强⑬众生，知苦乐法。各遣侍者，问讯世尊。

[注释]

①如是我闻：又作我闻如是、闻如是，佛经固定的开篇用语。此句的意思是说：这部经所讲的内容，是我亲自从佛那里听到的。"如是"的解释很多，最基础的解释就是"如是"二字是指法词，指经中所讲的内容。我，指阿难，或者泛指经藏的结集者，阿难在佛弟子中以"多闻第一"著称。

②一时：讲经的时候。太虚大师认为，笼统地说"一时"，不指出某年某月某日，是因为世界地域不同，年月日随之不同，所以不固定说为某时。

③佛：佛陀的简称，也译为佛驮、浮陀、浮屠、浮图，意译为觉者、智者等。包含自觉、觉他、觉行圆满三层意思。特指佛教的创始人释迦牟尼，泛指佛教的最高理想人格，同时，也是大乘佛家的最高果位。

④忉（dāo）利天：又作三十三天，在须弥山顶，是欲界六天中的第二天，为帝释天所居的天界，山顶四方各有八个天城，再加上帝释天所居

住的善见城,共三十三处,所以称三十三天。据说释迦牟尼的母亲摩耶夫人命终之后生于忉利天,佛陀上升忉利天为其母讲法三月。

⑤十方:为四方、四维、上下的总称。即指东、西、南、北、东南、西南、东北、西北、上、下。佛教主张十方有无数世界及净土,称为十方世界、十方法界、十方净土、十方刹等。其中之诸佛及众生,则称为十方诸佛、十方众生。

⑥世界:音译路迦驮睹,又名世间,即众生所住的国土。佛经以过去、现在、未来为世,东、西、南、北、上、下等为界,由此可见众生所居住的国土,不但有东、西、南、北、上、下等的分界,而且是有生灭的,不是永恒存在的东西。"世界"一词后来转为俗语,指宇宙、全球,或特指某一领域、界限、种类等。

⑦摩诃(hē)萨:摩诃萨埵的简称,摩诃是大的意思,萨埵是有情的意思,即菩萨、大有情、大众生。指此大众生是愿大、行大、度众生大,于世间诸众生中为最上,不退其大心,故称摩诃萨埵。

⑧五浊:旧译五滓,也称五浊世、浊世,指减劫(人类寿命次第减短之时代)中所起之五种沉渣。关于五浊,不同的经典有不同的观点,按照《法苑珠林》卷九十八的说法,五浊分别是:1.劫浊。整个世界饥馑、战争等灾难不断。2.见浊。众生持错误、颠倒的见解,阻碍善法的修行。3.烦恼浊。众生具有贪、瞋、痴等烦恼。4.众生浊。众生不断作恶,不孝敬父母,不尊敬师长,不畏恶业果报,不做功德,不修慧施、斋法,不持禁戒等。5.命浊。众生的寿命次第缩减,最后只有十岁。按照《瑜伽师地论》卷四十四的说法,五浊分别为:寿浊、有情浊、烦恼浊、见浊、劫浊,具体内容与《法苑珠林》出入不大。

⑨不可思议:又作不思议,指不可思虑言说之境界。主要用以形容诸佛、菩萨觉悟之境地,有智慧、神通力之奥妙。此词后来转为俗语,那些

事理深妙神奇，无法以思索或讨论而通达的，都以"不可思议"形容。

⑩智慧：有两层意思：一是"般若"的意译，指明晰洞见一切事物及道理的高深智慧。二是泛指一切有分析和有决断性的认识能力。决断曰智，简择（选择）曰慧；了知俗谛曰智，观照真谛曰慧。

⑪神通：指超常的、神异性的能力。神为不测之义，通为无碍之义。合起来说，就是既能使他人感觉神秘莫测，又能通畅无碍的能力。佛教中一般所说的神通有：神足通、天眼通、天耳通、他心通、宿命通、漏尽通。神通在佛教中被定位为劝化、普度众生的手段，而不是修行的终极目标。

⑫调伏：有两层含义：一是指内在的调和、控制、防御自己的身、口、意三业，制伏众多恶行，目的是令众生离过顺法，究竟出离。二是指对外之教化，令三世怨敌、恶魔外道等舍恶降伏，柔者以法调之，刚者以势伏之。

⑬刚强：性情狠戾，善根缺失。

[译文]

这部经是我阿难亲自听佛陀这样宣讲的：当时，佛陀在忉利天宫为母亲摩耶夫人讲法。那时，十方无数世界中数不清的诸佛、菩萨、大菩萨，都来参加法会。他们共同赞叹释迦牟尼佛能在五浊恶世中，显现不可思议的大智慧、大神通之力，调伏了那些难以调伏的众生，使他们明白了离苦得乐的佛法。诸佛、菩萨、大菩萨各派遣使者，恭敬地问候世尊。

是时，如来①含笑，放百千万亿大光明云，所谓大圆满②光明云、大慈悲③光明云、大智慧光明云、大般若④光明云、大三昧⑤光明云、大吉祥光明云、大福德⑥光明云、大功德⑦光明云、大归依⑧光明云、大赞叹⑨光明云。放如是等不可说光明云已，又出种种微妙之音,所谓檀波罗蜜⑩音、尸波罗蜜⑪音、羼提⑫波罗蜜音、毗离耶⑬波罗蜜音、禅⑭波罗蜜音、般若波罗蜜音、慈悲音、喜舍⑮音、解脱⑯音、无漏⑰音、智慧音、大智慧音、师子吼⑱音、大师子吼音、云雷⑲音、大云雷音。

[注释]

①如来:音译作多陀阿伽陀等,为佛十号之一,如是真如的意思。如来有三个层面的意思,即如来、如解、如说。1. 如来。如是一模一样,没有差别的意思。菩萨到了功行圆满的时候,以最高的智慧,体证了究竟的真理,此真理就是如。佛是契合此平等不二真如而来,所以叫作如来。2. 如解。佛有无上的智慧,对世间、出世间的一切法相都能正确通达,毫无颠倒错乱,如法的实相而解悟,是名如解。3. 如说。佛陀不仅解悟正确,就是说法也如实而说,故经里称佛为实语者、如语者、不诳语者、不异语者。如来、如解、如说,是佛陀所有的功德,译者因不能遍译三义,所以都译为如来。

②圆满:完整无缺、完全具备。

③慈悲:慈爱众生、给予快乐称为慈,怜悯众生、拔除苦痛称为悲。慈悲是菩萨行最重要的特征之一。

④般若(bō rě):又作波若、般罗若、钵罗若,意译为慧、智慧、明,特指观照空无自性之理的智慧,略而言之,般若是关于空的智慧。

⑤三昧(mèi):又译作三摩地、三摩提、三摩帝,意译为等持、定、正定,指将心念集中于一处,不使其散乱的寂静状态。

⑥福德:指过去世及现在世所行之一切善行,及由于一切善行所得之福利。

⑦功德:功能福德,指能产生实际效果的善事。功,指能招来福利。

德，指善德。

⑧归依：又译作皈依，有归投、仰仗、依托之义。归有返邪归正之义，依有永远依从之义。一般指归敬依投于佛、法、僧三宝，依三宝之功德威力，加持、摄导归依者，使其能解除无边的生死苦海轮回的怖畏，从而解脱一切之苦。

⑨赞叹：赞扬歌叹，即以偈颂等赞扬歌叹佛、菩萨的威德神力。

⑩檀（tán）波罗蜜：六度中的施度，以财、无畏或者法施与人。檀，又译作檀那，布施、施舍的意思。波罗蜜译作度，到彼岸，从生死苦海度到涅槃彼岸，布施是其行法之一。

⑪尸波罗蜜：六度中的持戒。尸即尸罗，译作清凉、戒。戒是由佛陀制定，由佛弟子受持，用来防过止恶的律条。

⑫羼（chàn）提：译作忍辱，内心安稳，能忍受外在的侮辱、恼害以及内心的苦恼、苦痛等。

⑬毗（pí）离耶：也写作毗梨耶，译为精进，在修善断恶、去染转净之修行过程中，不懈怠地努力上进。

⑭禅：禅那的略称，译作定、静虑、思惟修等，又称禅定，意思是静中思虑，使心念集中在一个对象上，并按照被规定的方式进行思考，以对治烦恼，实现去恶从善、由痴而智、由染及净的转变。禅的修习也可以产生某些特定的心理现象，使信仰者从心绪宁静到身心愉悦安适，乃至于最后出现某些特定的宗教感受。禅是古印度各个宗教普遍采用的一种修习方式。

⑮喜舍：见人离苦得乐产生喜悦之情称为喜，认识到众生平等而无爱憎、亲怨等差别之心称为舍。慈、悲、喜、舍又被称为四无量心。

⑯解脱：音译毗木叉、毗目叉，解放之义，特指从烦恼束缚中解放，脱离生死轮回的痛苦，获得自在。

⑰无漏：清净，没有烦恼。漏乃烦恼的异名，贪、瞋等烦恼，日夜由眼、耳等六根门漏泄不止，故称为漏。

⑱师子吼：如来说法能灭除一切戏论、破除各种异见，犹如狮子一咆哮、吼叫，百兽全部慑服。狮子为百兽之王，佛亦为人中之至尊，称为人中狮子，故而用此譬喻。

⑲云雷：佛身如云，佛说法如雷。或者认为云能下雨，比喻佛所说法如雨，普施于一切物种，无分别，无执着。雷能震动人心，比喻佛所说法能令一切众生觉悟。

[译文]

　　这时，如来面带笑容，发出百千万亿大光明云，即大圆满光明云、大慈悲光明云、大智慧光明云、大般若光明云、大三昧光明云、大吉祥光明云、大福德光明云、大功德光明云、大归依光明云、大赞叹光明云。放完那些不可具体述说的光明云之后，又发出种种微妙的声音，即布施波罗蜜音、持戒波罗蜜音、忍辱波罗蜜音、精进波罗蜜音、禅定波罗蜜音、般若波罗蜜音、慈悲音、喜舍音、解脱音、无漏音、智慧音、大智慧音、师子吼音、大师子吼音、云雷音、大云雷音。

　　出如是等不可说不可说音已，娑婆世界①及他方国土②，有无量亿天龙③鬼神，亦集到忉利天宫，所谓四天王天④、忉利天、须焰摩天⑤、兜率陀天⑥、化乐天⑦、他化自在天⑧、梵众天⑨、梵辅天⑩、大梵天⑪、少光天⑫、无量光天⑬、光音天⑭、少净天⑮、无量净天⑯、遍净天⑰、福生天⑱、福爱天⑲、广果天⑳、无想天㉑、无烦天㉒、无热天㉓、善见天㉔、善现天㉕、色究竟天㉖、摩醯首罗天㉗，乃至非想非非想处天㉓,一切天众㉙、龙众㉚、鬼神等众,悉来集会。

[注释]

①娑婆世界:娑婆,又译为沙诃、婆呵、索诃。意译为忍、堪忍、能忍、忍土。娑婆世界是释迦牟尼教化的世界。有两层含义:1.此界众生安于十恶,忍受诸烦恼,不肯出离,故名为忍。2.诸佛、菩萨在这个世界教化众生时,能忍受诸苦恼。

②国土:音译为刹多罗,一切有情的住处,有净土和秽土的分别。

③天龙:诸天与龙神。诸天指梵天、帝释天等,龙神指龙王及其眷属。天龙属于守护佛法的善神。

④四天王天:为帝释的外将,住在须弥山半腰的犍陀罗山,犍陀罗山有四个山头,四天王各据一山头,各护持一天下,其所据之地称为四天王天,这是欲界六天中的第一天。四天王指的是:1.东方持国天王。守护东胜身洲,因能护持国土,故而得名,其身为白色,披甲胄,左手持刀,右手执矟(长矛)拄地。2.南方增长天王。守护南赡部洲,因能令他人增长善根,故而得名。其身为青色,披甲胄,手执宝剑。3.西方广目天王。守护西牛货洲,能以净眼观察守护人民,故而得名。其身为红色,披甲胄,左手执矟,右手持红色绳索(或仅一手执宝剑)。4.北方多闻天王。梵文音译毗沙门,守护北俱卢洲,由于其常守护道场,听闻佛法,也有说因其赐人福德,名闻于四方,故而得名。四天王信仰始于古代印度,后来被佛教吸收。佛教传入中国后,又逐渐本土化。大约在元代,四大天王成为专门守护佛门的四大金刚,其塑像也有了变化,东方持国天王改为手持琵琶,南方增长天王手执宝剑。明代,北方多闻天王改为手执雨伞,象征福德。清代,西方广目天王改为手拿动物。此四天王之形象分别表示风、调、雨、顺。

⑤须焰摩天：又称焰摩天、夜摩天，欲界六天中的第三天。须焰摩，意为善时、时分，因为日月的光明照不到这一天，这一天的天人自身能发出光明来。

⑥兜率（shuài）陀天：又译作都率天、兜术天、兜率天、兜率多天、睹史多天等，意译知足天、妙足天、喜足天、喜乐天，是欲界六天中的第四天。知足指对自己现有的资具，能常生喜乐知足之心。兜率陀天在夜摩天之上三亿二万由旬，其中一昼夜相当于人间四百年。按照佛经中的说法，兜率陀天分为内、外两院，外院为欲界六天中的一部分，内院是弥勒寄居于欲界的"净土"。

⑦化乐天：又作化自在天、化自乐天，欲界六天中的第五天。此天中能自化色、声、香、味、触五尘而享用、娱乐，故称化乐天。

⑧他化自在天：又译作他化乐天、他化自转天、化应声天，简称自在天、他化天、化他天，或第六天，是欲界六天中的第六天。此天不用自己变现乐具，而是假下面五天的化作，自在游戏，故名他化自在天。

⑨梵众天：又译作梵身天，为色界初禅天中的第一天。此天的天众为大梵天所统领、所化现，故称梵众天。

⑩梵辅天：又译作梵富楼天，即色界初禅天之第二天，为大梵天之辅臣所统领、所化现。

⑪大梵天：又称梵天、大梵、梵王，在佛教中，为"三界"中"色界"诸天之总称，多特指色界之初禅天，以远离淫欲为根本特点。

⑫少光天：又作光曜天、少梵天、水行天，这是色界十八天之一，即色界第二禅天中之第一天。此天于二禅天中光明最小，故称少光天。

⑬无量光天：又作无量光音天、妙光天、无量水天、水无量天，系色界十八天之一，色界第二禅天之第二天。此天之诸天众，若说话时，由口中显照无量之光明，故称无量光天。

⑭光音天：又称为极光净天、遍胜光天，为色界第二禅天的第三天。此界众生没有声音，由禅定心所发的光明代替语言传达彼此的心意，故称光音天。

⑮少净天：色界第三禅天之第一天。因意识享受净妙之乐，故名净。因这种净妙之乐在第三禅天中，此天所得最少，故名少净天。

⑯无量净天：音译阿波摩羞、阿波摩首诃、阿波罗摩那，意译无量净果天、无量善天，色界第三禅天之第二天。生于此中诸天，净妙悦怡之相，无可名状，故名无量净天。

⑰遍净天：音译首诃既那、首波讫栗那、羞讫、摩首，又作无量净天、广善天，为色界第三禅天中的最上层天。此天中布满清净之乐，三界之乐，以此天为第一。

⑱福生天：色界第四禅天中的第一天，音译波栗推诃、维呵，意译生福、得福、受福、无量光等。福报殊胜者才可以生到这一天，故称福生天。

⑲福爱天：色界第四禅天中的第二天。此天众有四个特征：舍心圆融无碍，见解殊胜清净，福乐无边无际，一切都随心如意。

⑳广果天：又译作果实天、密果天，色界第四禅天中的第三天，为凡夫得生之天的最高处、最胜处。

㉑无想天：色界第四禅天中的第四天，为修无想定所感的天报。生此天者，在五百劫中，念想灭尽，故得名。这是外道婆罗门的最高涅槃处。

㉒无烦天：色界第四禅天中的第五天，又作不烦天、无繁天、无大求天、无求天等。此天之天众离欲界苦、色界乐，不令苦乐烦扰身心，故名无烦天。

㉓无热天：色界第四禅天中的第六天。热指热恼，即身心焦热苦恼，此天已经远离了热恼，故而得名。

㉔善见天：色界第四禅天中的第七天。此天中恒持清净正见。

㉕善现天：色界第四禅天中的第八天。此天众的善妙果报显现，故得名。

㉖色究竟天：色界第四禅天中的最高天位。此天是修最上品四禅者所生之处，其果报在色界中最为殊胜。

㉗摩醯（xī）首罗天：又译作大自在天，在色界的顶端。

㉘非想非非想处天：此天之定力精妙，已无粗想，故称非想；尚有细想，故称非非想。

㉙天众：即天界的众生。

㉚龙众：具神力的蛇形鬼神之众。其王称龙王，八部众之一，具有呼云唤雨的神力，是佛法的守护神。

[译文]

发出如此等等不可胜数的声音之后，娑婆世界及其他世界国土的无量无数的天龙鬼神也集会到忉利天宫，他们是：四天王天、忉利天、须焰摩天、兜率陀天、化乐天、他化自在天、梵众天、梵辅天、大梵天、少光天、无量光天、光音天、少净天、无量净天、遍净天、福生天、福爱天、广果天、无想天、无烦天、无热天、善见天、善现天、色究竟天、摩醯首罗天，乃至于非想非非想处天，这一切的天众、龙众、鬼神等众，全来集会。

复有他方国土，及娑婆世界海神、江神、河神、树神、山神、地神、川泽神、苗稼神、昼神、夜神、空神、天神、饮食神、草木神，如是等神，皆来集会。

复有他方国土，及娑婆世界诸大鬼王，所谓恶目鬼王[①]、啖血鬼王②、啖精气鬼王③、啖胎卵鬼王④、行病鬼王⑤、摄毒鬼王⑥、慈心鬼王⑦、福利鬼王⑧、大爱敬鬼王⑨，如是等鬼王，皆来集会。

[注释]

①恶目鬼王：目露凶光的鬼王。

②啖（dàn）血鬼王：专门食血的鬼王，常游住在屠宰场。

③啖精气鬼王：形状如同小孩，专门吸食人的精气的鬼王。

④啖胎卵鬼王：吃胎卵的鬼王。

⑤行病鬼王：专门散播瘟疫、使人生病的鬼王。

⑥摄毒鬼王：此鬼王心慈，能摄取龙毒、蛇毒、蛊毒等。

⑦慈心鬼王：有慈悲心、爱护众生的鬼王。

⑧福利鬼王：乐于助人，能给众生带来福利的鬼王。

⑨大爱敬鬼王：爱护持戒修行、拜佛念经者的鬼王。

[译文]

又有其他世界国土以及娑婆世界的海神、江神、河神、树神、山神、地神、川泽神、苗稼神、昼神、夜神、空神、天神、饮食神、草木神等，都来集会。

又有其他世界国土以及娑婆世界的诸多鬼王，即恶目鬼王、啖血鬼王、啖精气鬼王、啖胎卵鬼王、行病鬼王、摄毒鬼王、慈心鬼王、福利鬼王、大爱敬鬼王等，都来集会。

尔时，释迦牟尼佛告文殊师利法王子①菩萨摩诃萨："汝观是一切诸佛、菩萨，及天龙鬼神，此世界、他世界，此国土、他国土，如是今来集会，到忉利天者，汝知数不？"

文殊师利白佛言："世尊，若以我神力，千劫②测度，不能得知。"

佛告文殊师利："吾以佛眼观故，犹不尽数。此皆是地藏菩萨久远劫来，已度、当度、未度、已成就、当成就、未成就。"

[注释]

①文殊师利法王子：因为文殊师利将来要成佛，要继承佛的事业，所以称其为法王之子。文殊师利也作曼殊室利、妙德、妙吉祥，是大乘佛教中以智慧见称的菩萨，与普贤菩萨同为释迦牟尼佛的两大胁侍。

②劫：音译劫波、劫跛等，意译长时、大时。一劫到底有多长，佛教各个派别看法不同。总之，劫是一个非常大的时间单位，一般指无法计算的长远年月。为了说明劫的长度，佛典中有"芥子劫"和"拂石劫"的说法。前者指在一座长、宽、高各四十里的城中，堆满芥子，天人每三年取一粒，取尽所有的芥子的时间为一劫。后者指有一块长、宽、高各四十里的大石头，天人每三年用柔软的天衣拂石一次，磨尽石块所用的时间为一劫。

[译文]

这时，释迦牟尼佛对文殊师利菩萨说："你看这一切来自这个世界、其他世界，这个国土、其他国土的佛、菩萨及天、龙、鬼神，他们今天都集会到忉利天，你知道他们的数量吗？"

文殊师利菩萨回答说："世尊，凭借我的神力，用一千劫的时间测算，也不能得知他们的数量。"

佛对文殊师利菩萨说:"我用佛眼来观看,尚且不能知道他们的全部数量。这全是地藏菩萨在久远的劫数中,已经度化的、正在度化的、还未度化的,已经使其获得觉悟的、将要使其获得觉悟的、还没有使其获得觉悟的佛、菩萨及众生。"

文殊师利白佛言:"世尊,我已过去久修善根①、证无碍智②。闻佛所言,即当信受。小果③声闻④、天龙八部⑤,及未来世诸众生等,虽闻如来诚实之语,必怀疑惑。设使顶受⑥,未免兴谤。唯愿世尊,广说地藏菩萨摩诃萨因地⑦作何行、立何愿,而能成就不思议事?"

[注释]

①善根:又写作善本、德本,即产生诸善法的根本,主要指身、口、意三善业。

②无碍智:自在无碍的智慧,指智慧深广,能理解、通达一切法。

③小果:指小乘的果位,包括声闻和缘觉。

④声闻:为佛教小乘弟子,指听闻佛陀的声教而证悟的佛弟子,与缘觉、菩萨共为三乘。

⑤天龙八部:又称八部众,为佛教中的护法神,因以诸天和龙为上首,故称天龙八部,包括天众、龙众、夜叉、乾闼婆、阿修罗、迦楼罗、紧那罗、摩睺罗迦。

⑥顶受:顶礼受持。

⑦因地:与"果地"对应,指作为成佛的初发心阶段的修行。地者,位地、阶位之义,指修行佛道的阶位。

[译文]

　　文殊师利菩萨对佛说:"世尊,我在过去长久地修习善根,已经证得了自在无碍的智慧。听了您所说的,会立刻相信接受。而小乘果位的声闻、天龙八部以及未来世的众生等,虽然听了您真实不虚的话语,也必定心生疑惑。假如让他们顶礼受持您所说的,则难免会产生诽谤。所以希望世尊能详细地说说地藏菩萨从初发心到现在都修行了什么法门,立了什么誓愿,才能成就这些不可思议的功德事业呢?"

　　佛告文殊师利:"譬如三千大千世界①,所有草木丛林、稻麻竹苇、山石微尘,一物一数,作一恒河②;一恒河沙,一沙一界;一界之内,一尘一劫;一劫之内,所积尘数,尽充为劫。地藏菩萨证十地③果位以来,千倍多于上喻。何况地藏菩萨在声闻、辟支佛④地?文殊师利,此菩萨威神誓愿,不可思议。若未来世,有善男子、善女人⑤,闻是菩萨名字,或赞叹、或瞻礼⑥、或称名、或供养,乃至彩画、刻镂、塑漆形像⑦,是人当得百返生于三十三天,永不堕恶道⑧。

[注释]

　　①三千大千世界:又称三千世界,这是古代印度人的宇宙观。以须弥山为中心,周围围绕着四大洲及九山八海,由此组成一个小世界。一千个小世界组成小千世界,一千个小千世界组成中千世界,一千个中千世界组成大千世界。这个大千世界由小、中、大三种千世界组成,故称三千世界或三千大千世界。

②恒河：南亚大河，流经印度与孟加拉国。佛陀说法多在恒河流域，恒河平原人口稠密，经济繁荣，是印度文明的中心。恒河沙多而细，所以佛经中凡是形容无法计量的数字时，便以恒河沙为喻。

③十地：菩萨修行成佛须经五十二个位次，其中的第四十一至第五十位次称为十地。菩萨在这十个位次中，负荷众生之苦，支持他们，有如大地对树木的护育、支撑，故称十地，具体包括：1. 欢喜地，也称"极喜地"，初证圣果，悟我法二空，能利益自他，生起大欢喜。2. 离垢地，也称"无垢地"，远离能起任何犯戒的烦恼，身心清净。3. 发光地，也称"明地"，成就殊胜禅定，发出智慧之光。4. 焰慧地，也称"焰胜地"，智慧之光焰继续增大。5. 难胜地，也称"极难胜地"，此地令俗谛有分别智，真谛无分别智，同时生起，极难做到。6. 现前地，也称"现在地"，真如本性显现之位，也是最胜般若显现之位。7. 远行地，也称"深行地"，此地之菩萨住于纯粹的无相观，远超出世间与二乘的有相观。8. 不动地，不为一切事相烦恼所动。9. 善慧地，也称"善根地"，此地已经得到法无碍解、义无碍解、词无碍解、乐说无碍解等四无碍解，能遍十方，以一音演说一切善法，使听闻者生欢喜心。10. 法云地，此地菩萨具足无边功德，法身如虚空，智慧如大云。

④辟支佛：意译为缘觉、独觉，观十二因缘之理而独自开悟、得道者。

⑤善男子、善女人：信行善法的男子、女子，或者特指在家的男女居士，即优婆塞、优婆夷。

⑥瞻礼：瞻仰礼拜。

⑦形像：音译钵罗底么，指佛、菩萨之肖像，泛指画像、木像、金像、石像、泥塑之像等。

⑧恶道：与"恶趣"同义，顺着恶行而趣之道路、途径，如地狱、

畜生、饿鬼三恶道。

[译文]

佛告诉文殊师利菩萨说:"譬如三千大千世界中所有的草木丛林、稻麻竹苇、山石微尘,每一物当作一个数,每一个数当作一条恒河;每一条恒河中的每一粒沙子是一个世界;每一个世界之内的每一粒尘埃都是一劫;每一劫之内所集聚的微尘数,全部算作劫数。地藏菩萨证得十地果位以来,所经历的时间,超过以上比喻的千倍。更何况他在声闻、辟支佛地的修行呢?文殊师利,地藏菩萨的威神、誓愿不可思议。如果未来世有善男子、善女人,听到地藏菩萨的名字,或赞叹,或瞻仰礼拜,或称念他的名号,或供养他,乃至于描画、雕刻、塑造他的肖像,这个人会上百次地往返转生于三十三天,永远不会堕入恶道。

"文殊师利,是地藏菩萨摩诃萨,于过去久远不可说不可说劫前,身为大长者①子。时世有佛,号曰师子奋迅②具足万行如来。时长者子,见佛相好③,千福庄严④,因问彼佛:'作何行愿,而得此相?'时师子奋迅具足万行如来告长者子:'欲证此身,当须久远度脱一切受苦众生。'

"文殊师利,时长者子因发愿言:'我今尽未来际不可计劫,为是罪苦六道⑤众生,广设方便,尽令解脱,而我自身方成佛道。'以是于彼佛前,立斯大愿,于今百千万亿那由他⑥不可说劫,尚为菩萨。"

[注释]

①长者:家长、居士的意思,指显贵、富裕、年长、有德的人。

②师子奋迅：即狮子奋迅，狮子奋起之时，诸根开张，身毛皆竖，其势迅速勇猛，百兽窜伏。多用来比喻佛之威猛。

③相好：指佛的色身所具备之庄严微妙的形相。相，指佛肉身所具足特殊容貌中之显而易见者，可分三十二相。好，指佛肉身形貌之微细难见者，共有八十种好。两者并称，即为相好，为佛身所具之三十二相及八十种好。

④千福庄严：佛有三十二相，每一相都要修一百福业方可得到，三十二相共需修三千二百福业，故名千福庄严。庄严，装饰某物，使之更加美好明净。

⑤六道：指凡俗众生因善恶业而流转轮回的六种世界，又称六趣，即地狱、饿鬼、畜生、阿修罗、人、天。其中，地狱、饿鬼、畜生称三恶道，阿修罗、人、天称三善道。1. 地狱道：即地狱受苦之处，有八寒、八热、无间等名。众生若造上品十恶业及五逆罪，则堕地狱道。2. 饿鬼道：处于饥渴痛苦中的鬼，即孤贫潦倒受苦之鬼。经常处于饥饿中，到处游行，求食不得，故名饿鬼。众生若造中品十恶业，则堕饿鬼道。3. 畜生道：即牛、羊、猪、马及一切虫、鱼、禽、兽等动物。众生若造下品十恶业，则堕畜生道。4. 阿修罗道：属于非天道的一种大力鬼神。具有神通和威力而无德行，性多瞋恚，统率夜叉、罗刹等，以阿修罗为首，故称阿修罗道。众生行下品十善业即可生阿修罗道。也有佛典认为阿修罗果报殊胜，仅次于诸天，高于人道，属于有天之福而无天之德。5. 人道：即人类。因人道苦乐参半，善于分辨事物的前因后果，易于知苦断集，明理去惑，转凡成圣，故《大智度论》卷四说，佛之三十二相要在人道中培植。众生修五戒及中品十善业即可生于人道。6. 天道：即天界。天道分布在欲界、色界、无色界三界之中。欲界因有男女情欲，故名欲界。色界因没有男女情欲，唯色相庄严，故名色界。无色界因无有形相，唯精神心

识存在，故名无色界。众生行上品十善，修四禅定、四空定，即可生于天界。

⑥那由他：又译作那由多、那术等，表数目的字，相当于"亿"。

[译文]

"文殊师利，这个地藏菩萨在久远的过去不可计数的劫数以前，是一个大长者的儿子。当时有名号叫作狮子奋迅具足万行如来的佛，大长者的儿子看见佛的相貌妙好，是千种福业所修得的，于是问佛：'修行何种法门、发下何种誓愿而得到了这样的妙相？'当时狮子奋迅具足万行如来告诉大长者的儿子说：'想要证得这样的庄严之身，必须在久远劫中度脱一切受苦的众生。'

"文殊师利，当时，大长者的儿子因而发下誓愿说：'我从今天开始，一直到未来不可计数的劫数中，为那些遭受罪苦的六道众生，广设一切方便，让它们全部得到解脱，然后我自己才成佛。'由于地藏菩萨在佛前立了这样的大愿的缘故，到今天百千万亿劫以来，他仍是菩萨。"

又于过去不可思议阿僧祇①劫，时世有佛，号曰觉华定自在王②如来，彼佛寿命四百千万亿阿僧祇劫。像法③之中，有一婆罗门④女，宿福深厚，众所钦敬；行住坐卧，诸天卫护。其母信邪，常轻三宝。是时圣女广设方便，劝诱其母，令生正见。而此女母，未全生信，不久命终，魂神堕在无间地狱⑤。时婆罗门女，知母在世不信因果，计当随业，必生恶趣⑥。遂卖家宅，广求香华，及诸供具，于先佛塔寺，大兴供养。见觉华定自在王如来，其形像在一寺中，塑画威容，端严毕备。

[注释]

①阿僧祇(qí)：又写作阿僧企耶、阿僧、僧祇，意译无数或无量数，印度数目单位之一，表极大或不可数之数。

②觉华定自在王：智慧之开，如花盛开，故称觉华。摄心入定，抉破罗网，得到大自在，所以称作定自在王。

③像法：佛陀入灭后，依其教法之运行状况，可区分为正法、像法、末法等三时。像是相似，像法即近似于正法，指佛灭五百年后的一千年（或者认为只有五百年）间，盛行与正法相似之佛法的萌芽时期。

④婆罗门：意译净行、梵行、梵志等，印度四种姓之一。在印度四种姓中，僧侣、学者阶级是第一种姓，他们自认为是印度社会中最优等的种姓。

⑤无间地狱：即阿鼻地狱、阿鼻旨地狱，是八大地狱中的第八狱。据《俱舍论》记载，无间地狱位于南赡部洲（即阎浮提）之地下二万由旬处，深广各二万由旬。堕此地狱中的众生，无间断地受苦。一般认为凡造五逆罪之一者，死后必堕于此。无间之意思有五种：1. 趣果无间。命终之后，直接堕此狱中，无有间隔。2. 受苦无间。一旦堕入此地狱中，直至罪毕出狱，其间所受之苦无有间断。3. 时无间。一劫之间，相续而无间断。4. 命无间。一劫之间，寿命无间断。5. 身形无间。地狱纵横两万由旬，身形遍满其中而无间隙。这和本经所说略有不同。

⑥恶趣：与善趣相对，又称恶道。趣，为往到之义，即由恶业所感，而应趣往之处所。恶趣一般指三恶趣，即地狱、饿鬼、畜生。

[译文]

再者，在过去不可思议的阿僧祇劫以前，当时，世间有佛名为觉华定自在王如来，他的寿命为四百千万亿阿僧祇劫。觉华定自在王在佛教化的像法时期，有一位出生婆罗门种姓的女子，累世修行正法，福德深厚，众人都很钦佩、敬重她；行住坐卧之间，受到诸天众的护卫。而她的母亲则信奉邪法，轻慢三宝。当时，该婆罗门女使用种种方便法门，劝诱她的母亲，试图让她生起正见。但其母并未完全相信，不久之后就去世了，魂神堕入了无间地狱。婆罗门女知道她的母亲在世时不信因果，死后必定依据她的业行堕入恶趣。于是，她卖掉家产田宅，购置了许多香与花以及诸多供佛的器具，在佛塔、寺院中，广行供养。在某一个寺院中，她看到了觉华定自在王如来的塑像，容貌颇具威仪，端正庄严。

时婆罗门女，瞻礼尊容，倍生敬仰。私自念言："佛名大觉，具一切智①。若在世时，我母死后，倘来问佛，必知处所。"时婆罗门女，垂泣良久，瞻恋如来。忽闻空中声曰："泣者圣女，勿至悲哀，我今示汝母之去处。"婆罗门女合掌向空，而白空曰："是何神德，宽我忧虑？我自失母已来，昼夜忆恋，无处可问知母生界。"时空中有声，再报女曰："我是汝所瞻礼者，过去觉华定自在王如来。见汝忆母，倍于常情众生之分，故来告示。"

婆罗门女闻此声已，举身自扑，肢节皆损。左右扶侍，良久方苏。而白空曰："愿佛慈愍，速说我母生界，我今身心，将死不久。"时觉华定自在王如来告圣女曰："汝供养毕，但早返舍，端坐思惟吾之名号，即当知母所生去处。"

[注释]

①一切智：了知一切法的智慧。

[译文]

当时，该婆罗门女瞻礼佛的尊贵容颜时，倍生敬仰之情。她心中想道："佛的名号为大觉，具有了知一切法的智慧。如若佛在世，我母亲死后，我来问佛，佛一定知道她的转生之处。"当时，婆罗门女垂泪悲泣良久，久久瞻礼如来佛像。忽然空中传来声音说："正在哭泣的圣女，不要过于悲哀，你母亲的去处我现在告诉你。"婆罗门女向空中合掌并说道："您是何方有德之神，来宽慰我的忧思？我自从失去母亲以来，日夜回忆恋念，没有地方去询问母亲的转生之处。"空中又出现声音，回复婆罗门女说："我是你所瞻礼的过去佛觉华定自在王如来。我观见你对母亲的忆念之情超于常人，所以特来告诉你你母亲的去处。"

婆罗门女听觉华定自在王如来说完，整个身体都扑倒在地，以致手足关节都损伤了。她的左右侍从将其扶起，婆罗门女过了很久才苏醒过来。她继续对着空中说："愿佛陀慈悲怜悯，赶快告诉我母亲转生的世界，我如今身心交瘁，也将不久于人世了。"这时，觉华定自在王如来告诉这个圣女说："你供养结束后，尽早返回家中，端坐忆念我的名号，就会知道你母亲的去处了。"

时婆罗门女，寻礼佛已，即归其舍。以忆母故，端坐念觉华定自在王如来，经一日一夜。忽见自身到一海边，其水涌沸，多诸恶兽，尽复铁身，飞走海上，东西驰逐。见诸男子女人，百千万数，出没海中，被诸恶兽争取食啖①。又见夜叉②，其形各异，或多手多眼、多足多头，口牙外出，利刃如剑。驱诸罪人，使近恶兽，复自搏攫③，头足相就④。其形万类，不敢久视。时婆罗门女，以念佛力故，自然无惧。

[注释]

①啖：吃或者给人吃。

②夜叉：又译作药叉、悦叉、野叉。意译捷疾鬼、轻捷鬼、勇健鬼、能啖鬼等，是以威势危害人类或者守护正法的鬼类。

③搏攫（jué）：攫取，掠夺。

④头足相就：把罪人的头与脚抓住扭成一团，再拉扯变形。

[译文]

婆罗门女礼佛之后，就回到家中。因为忆念母亲的缘故，端坐称念觉华定自在王如来，经过一日一夜。她突然见自己来到了一个海边，海水翻滚沸腾，其中有很多恶兽，全都是铁身，在海上飞走，东驱西逐。又看见成千上万的男女出没于海中，被众多恶兽争抢吞食。婆罗门女又看见各种奇形怪状的夜叉，它们或者长着很多手、很多眼睛，或者长着很多脚、很多头，牙齿长出口外，锋利如剑。夜叉们驱赶着罪人们，使他们靠近恶兽，同时，还自己抓住罪人，把他们的头和脚扭在一起，再拉扯变形。罪人们受苦的情形各种各样，令人无法久视。当时，婆罗门女因为念佛的缘故，自然没有产生恐惧。

有一鬼王，名曰无毒，稽首①来迎，白圣女曰："善哉！菩萨，何缘来此？"时婆罗门女问鬼王曰："此是何处？"无毒答曰："此是大铁围山②西面第一重海。"

[注释]

①稽（qǐ）首：为佛教礼法之一，即以头着地之礼。《周礼》所载之九拜中，稽首为最恭敬之行礼法。佛教的稽首，弯背躬曲，头、额着地，以两掌伸向被礼拜者之双足，故又称为接足（接着对方之足）礼。这种以头、额触地的礼拜，为印度的最高礼节。所谓接足作礼、头面礼足、五体投地等即指此而言。

②铁围山：又译作铁轮围山、轮围山。佛教认为世界的中心为须弥山，其周围共有九山八海围绕，最外侧为铁所成之山，称铁围山，围绕着南赡部洲等四洲。

[译文]

有一位鬼王名叫无毒，作礼迎接婆罗门女，并对此圣女说："善哉！菩萨，您因何来到此处？"婆罗门女问鬼王："此处是什么地方？"无毒回答道："这是大铁围山西面的第一重海。"

圣女问曰："我闻铁围之内，地狱在中，是事实不？"无毒答曰："实有地狱。"圣女问曰："我今云何得到狱所？"无毒答曰："若非威神，即须业力①，非此二事，终不能到。"圣女又问："此水何缘，而乃涌沸，多诸罪人，及以恶兽？"无毒答曰："此是阎浮提②造恶众生新死之者，经四十九日后，无人继嗣，为作功德，救拔③苦难，生时又无善因④。当据本业所感地狱，自然先渡此海。海东十万由旬⑤，又有一海，其苦倍此。彼海之东，又有一海，其苦复倍。三业⑥恶因之所招感，共号业海⑦，其处是也。"圣女又问鬼王无毒曰："地狱何在？"无毒答曰："三海之内，是大地狱，其数百千，各各差别。所谓大者，具有十八。次有五百，苦毒无量。次有千百，亦无量苦。"

[注释]

①业力：善恶之业有生起苦乐之果报的力量和作用。业，一是指行动、意志等身心活动，二是指过去的行为所留下来的影响力。

②阎浮提：为四大洲之一，又译作赡部洲，阎浮是树名，提是"洲"义，此洲的中间有一棵名为阎浮的大树，故名。阎浮提在须弥山的南面，所以又译作南阎浮提、南赡部洲，泛指人类所居住的世界。

③救拔：拯救，解救。

④善因：招感善果的业因。

⑤由旬：又译作逾阇、逾缮那、由延，为古印度计算里程之单位，是帝王行军一日所经过的里程，数量众说不一，有十六里、三十里、四十里等说法，其中，四十里之说较为普遍。

⑥三业：指身、口、意三业，即身之行动、口之语言和意识之活动。身业有杀生、偷盗、邪淫、酗酒等，口业有恶口、两舌、绮语、妄语等，意业有贪、瞋、痴等。另外，三业也指三类道德性质不同的思想和言行，即善、不善、无记。无记指非善非恶之行为。

⑦业海：像大海一样的种种恶因。

[译文]

圣女问道："我听说铁围山之内，地狱在其中，这是事实吗？"无毒回答道："的确有地狱。"圣女又问："我现在为何到了地狱？"无毒回答道："如果不是仰仗佛菩萨的威神力，就是因为业力的牵引，除了这两个原因，始终是不能来的。"圣女又问："这里的水因何缘故涌动沸腾？水中因何有许多罪人及恶兽？"无毒回答道："这是阎浮提造恶众生中新近死亡者，他们经过四十九天后，没有后人为其做功德，将他们从苦难中救拔出来，而他们活着的时候又没有种下善因。按照其本业就招感了地狱的果报，自然要先渡过此海。此海向东十万由旬，又有一海，其苦难超过这里的一倍。那个海的东面又有一海，其苦难又超过彼海一倍。这都是身、口、意三业所造的恶因招感的，这三个大海共称为业海，此处便是。"圣女又问鬼王无毒道："地狱在哪里？"无毒回答道："三海之内是大地狱。地狱的数量成百上千，各有差别。所谓大地狱者，总共有十八个。再次等的有五百个，苦楚无量无边。再次等的又有千百个，苦楚也无量无边。"

圣女又问大鬼王曰："我母死来未久，不知魂神当至何趣①？"鬼王问圣女曰："菩萨之母，在生习何行业？"圣女答曰："我母邪见，讥毁三宝。设或②暂信，旋又不敬。死虽日浅，未知生处。"无毒问曰："菩萨之母，姓氏何等？"圣女答曰："我父我母，俱婆罗门种，父号尸罗善现，母号悦帝利。"无毒合掌启菩萨曰："愿圣者却返本处，无至忧忆悲恋。悦帝利罪女，生天以来，经今三日。云承孝顺之子，为母设供修福，布施觉华定自在王如来塔寺。非唯菩萨之母得脱地狱，应是无间③罪人，此日悉得受乐，俱同生讫。"鬼王言毕，合掌而退。

婆罗门女，寻如梦归。悟此事已，便于觉华定自在王如来塔像之前，立弘誓愿：愿我尽未来劫，应有罪苦众生，广设方便，使令解脱。

佛告文殊师利："时鬼王无毒者，当今财首菩萨是。婆罗门女者,即地藏菩萨是。"

[注释]

①趣:意译道,指众生因自己所做之行为所导趋向来生之生存或生存世界。

②设或:假如,假设。

③无间:此处指无间地狱,此地狱中的有情,受苦无有间断。

[译文]

圣女又问大鬼王道:"我母亲去世不久,不知道她的魂神现在在哪一道中?"鬼王问圣女:"菩萨的母亲生前所作所为如何?"圣女回答道:"我母亲生前持邪见,讥讽毁谤三宝。即便暂时信奉三宝,旋即又不信了。虽然去世不久,不知道转生何处。"无毒问道:"菩萨的母亲姓名是什么?"圣女回答道:"我父母都是婆罗门种姓,父亲名为尸罗善现,母亲名为悦帝利。"无毒合掌对婆罗门女说道:"希望圣者返回家中,不必忧虑忆念您的母亲。悦帝利罪女已经脱离地狱,往生天道三天了。据说多亏有孝顺的子女替母亲供佛、修福德,布施觉华定自在王如来的塔寺。不但菩萨的母亲得以脱离地狱,本应在无间地狱受苦的其他罪人,同一天都离苦得乐,同生天道了。"鬼王说完,合掌而退。

婆罗门女随即就像做了一场梦一样返归。想清楚了整个事件之后,她便在觉华定自在王如来的塔像前,发下一个大誓愿:我的愿望是一直到未来劫的尽头,都能为罪苦众生广设方便,使他们得到解脱。

佛陀告诉文殊师利菩萨说:"当时的鬼王无毒,就是现在的财首菩萨。婆罗门女,就是地藏菩萨。"

分身集会品第二

尔时，百千万亿不可思、不可议、不可量、不可说无量阿僧祇世界，所有地狱处，分身①地藏菩萨，俱来集在忉利天宫。以如来神力故，各以方面②，与诸得解脱从业道③出者，亦各有千万亿那由他数，共持香华，来供养佛。

[注释]

①分身：佛、菩萨为化导有缘的众生，以方便力变化多身于十方世界。

②各以方面：各个方向。

③业道：业作用的场所，或者指众生苦乐果报的通路，一般分为十善业道与十恶业道两类。十善业道也称十善道，指不杀、不盗、不淫、不妄语、不两舌、不恶口、不绮语、不贪、不恼害、不邪见。十恶业道也称十恶道，内容与十善业道相反。

[译文]

此时，百千万亿不可思议、不可计量、不能说清楚的无量阿僧祇世界中所有地狱中的地藏菩萨分身，都到忉利天宫集会。因为如来神力的加持，四面八方从业道中解脱出来的众生，也有千万亿，他们都拿着香、花，前来供佛。

彼诸同来等辈，皆因地藏菩萨教化，永不退转①于阿耨多罗三藐三菩提②。是诸众等，久远劫来，流浪生死③，六道受苦，暂无休息。以地藏菩萨广大慈悲，深誓愿故，各获果证④。既至忉利，心怀踊跃，瞻仰如来，目不暂舍。

[注释]

①退转：又称退失，指在求佛道的途中，退失菩提心，而堕于二乘凡夫之地，或者指退失已证得的修行果位。

②阿耨（nòu）多罗三藐（miǎo）三菩提：意译无上正等正觉、无上正等觉、无上正遍知，乃佛陀所觉悟的智慧。阿耨多罗意为"无上"，三藐三菩提意为"正遍知"，合起来就是真正平等地遍知一切真理的智慧。

③流浪生死：即六道轮回。

④果证：依因位的修行，而得到果地的证悟。

[译文]

那些随地藏菩萨分身而来的众生，都因为地藏菩萨的教化，永远不会退失所证得的无上正等正觉。这些众生从久远劫以来，就在六道中轮回受苦，没有一刻停息。因为地藏菩萨的广大慈悲、甚深誓愿，各个获得果证。来到忉利天宫，他们心中十分欢喜，瞻仰如来的慈颜，目光一刻也舍不得移开。

尔时，世尊舒金色臂，摩百千万亿不可思、不可议、不可量、不可说无量阿僧祇世界诸分身地藏菩萨摩诃萨顶，而作是言："吾于五浊恶世，教化如是刚强众生，令心调伏，舍邪归正，十有一二，尚恶习在。吾亦分身千百亿，广设方便。或有利根，闻即信受；或有善果，勤劝成就；或有暗钝，久化方归；或有业重，不生敬仰。如是等辈众生，各各差别，分身度脱。

[译文]

这时，世尊舒展自己的金色手臂，为这些百千万亿不可思议、不可计量、不能说清楚的无量阿僧祇世界中所有的分身地藏菩萨摩顶，并且说："我在五浊恶世中，教化刚强众生，使他们的心能够调伏，舍邪归正。这些众生十人中尚有一至二人，恶习仍然存在。我也分身成千百亿，广设方便法门教化众生。根器锐利者，听了就会相信接受；善根比较深厚者，勤加劝勉就会取得成就；根器暗钝者，要长久地教化方能归依；业障重的，最终也不会生起信仰。像这样的众生，各有各的差别，我都分身度化他们。

"或现男子身，或现女人身，或现天龙身，或现神鬼身，或现山林川原、河池泉井，利及于人，悉皆度脱。或现天帝①身，或现梵王身，或现转轮王②身，或现居士③身，或现国王身，或现宰辅身，或现官属身，或现比丘④、比丘尼⑤、优婆塞⑥、优婆夷⑦身，乃至声闻、罗汉⑧、辟支佛、菩萨等身，而以化度。非但佛身独现其前。

[注释]

①天帝：又称帝释天，是佛教护法神，是忉利天之主，居住在须弥山

顶的善见城。

②转轮王：又称转轮圣王、轮王，是统治世界的理想之王。此王身具三十二相，即位时，由天感得轮宝，转其轮宝，而降伏四方，故曰转轮王。转轮王拥有轮、白象、绀马、明月珠、玉女、主藏臣、主兵臣七宝，具足长寿、无疾病、容貌出色、宝藏丰富四德，统一须弥四洲，以正法治世，其国土丰饶，人民和乐。转轮王的轮宝有金、银、铜、铁四种，依此轮王也分为四种：铁轮王，掌须弥东、西、南、北四洲中的南洲。铜轮王，掌东、南二洲。银轮王，掌东、南、西三洲。金轮王，掌须弥四洲。

③居士：音译为迦罗越，意译为长者、家主、家长。有居财之士和居家之士两种意思，前者指印度四姓中吠舍种姓中的富豪，后者指在家有志于佛道之士。在中国，后来泛称一般在家修行的佛教徒为居士。

④比丘：又译作苾刍、备刍，意译为乞士、破烦恼、怖魔等，指剃度出家后受具足戒的男子。

⑤比丘尼：又称苾刍尼等，译为乞士女等，指出家后受具足戒的女子。

⑥优婆塞：又称优波婆迦、伊蒲塞，意译为近事男、信士、清信士等，指在家亲近奉事三宝、受持五戒的男居士。也用来统称一切在家的男信徒。

⑦优婆夷：又称优波夷、优婆斯、邬婆斯迦等，意译为清净女、清信女、近事女，指在家亲近奉事三宝、受持五戒的女居士。也用来统称一切在家的女信徒。

⑧罗汉：也译作阿罗诃，阿罗汉的简称，意译为杀贼、不生、应供等，意为罗汉已经破尽烦恼，不再转生到三界六道之中，并且应该受到人天供养。罗汉是小乘佛教的最高果位。

[译文]

"或者变现为男子的形象,或者变现为女子的形象,或者变现为天龙的形象,或者变现为神鬼的形象,或者变现为山川林木、河流平原、池塘泉井,利益众生,将他们最终全部度脱了。或者变现为天帝的形象,或者变现为梵王的形象,或者变现为转轮王的形象,或者变现为居士的形象,或者变现为国王的形象,或者变现为宰辅的形象,或者变现为臣僚的形象,或者变现为比丘、比丘尼、优婆塞、优婆夷的形象,乃至于变现为声闻、阿罗汉、辟支佛、菩萨等形象,化度众生。不是仅仅以佛的形象实施化度。

"汝观吾累劫勤苦,度脱如是等难化刚强罪苦众生。其有未调伏者,随业报应。若堕恶趣,受大苦时,汝当忆念吾在忉利天宫,殷勤付嘱。令娑婆世界,至弥勒①出世已来众生,悉使解脱,永离诸苦,遇佛授记②。"

[注释]

①弥勒:意译为慈氏,为菩萨姓氏,名阿逸多,又译为无胜、无能胜,生于南天竺婆罗门家。弥勒菩萨继承释迦如来之佛位,为一生补处菩萨(尽其一生之后,将到人间继释迦牟尼之后成佛),因其修得慈心三昧,故称慈氏。据《弥勒上生经》、《弥勒下生经》记载,弥勒出生于婆罗门家庭,后为佛弟子,先佛入灭,以菩萨身为天人说法,住于兜率天。释迦牟尼曾为其预言授记,当其寿四千岁(约人间五十七亿六千万年)尽时,将由兜率天下生到此娑婆世界,于龙华树下成佛,为天人、众生分

三会说法。至此时弥勒已取得佛格,故亦称弥勒佛、弥勒如来。据此,佛教中有两种造像。

②授记:又译作授决、受记、受别、记别、记说、记。此词有说明、分别、解答等含义,原本指分析教说,或用问答体解说经教,后来专指佛对发心之众生授予将来必当作佛之记别。

[译文]

"你看我很多劫以来都在辛勤地度脱这些难以教化、恶习难改的罪苦众生。那些未能教化的众生,将随业受报。如果他们堕入三恶趣,遭受极大痛苦时,你应该忆念我在忉利天官的殷切嘱托。使娑婆世界中从现在直到弥勒佛降世间之众生,都能解脱,永远脱离种种苦痛,使他们将来得遇佛为其授记,必定成佛。"

尔时,诸世界分身地藏菩萨,共复一形,涕泪哀恋,白其佛言:"我从久远劫来,蒙佛接引①,使获不可思议神力,具大智慧。我所分身,遍满百千万亿恒河沙世界,每一世界化百千万亿身,每一身度百千万亿人,令归敬三宝,永离生死,至涅槃②乐。但于佛法中所为善事,一毛一渧③,一沙一尘,或毫发许,我渐度脱,使获大利。唯愿世尊不以后世恶业众生为虑。"如是三白佛言:"唯愿世尊不以后世恶业众生为虑。"

尔时,佛赞地藏菩萨言:"善哉!善哉!吾助汝喜。汝能成就久远劫来发弘誓愿,广度将毕,即证菩提④。"

[注释]

①接引:又称摄引、接化,意为引导摄受(佛以慈悲心收取和护持

众生），一般指诸佛、菩萨引导摄受众生，或师长教导引接弟子。在净土宗中，指阿弥陀佛引导众生，众生摄受于弥陀之光，而往生净土。

②涅槃（pán）：也译作泥洹、涅槃那，意译为灭、灭度、寂灭、无为、不生、解脱、圆寂等，是佛教全部修行的最高和最后目的，其含义较丰富。涅槃的本义是灭除烦恼，超越生死，不再在三界六道中轮回。大乘中观学派认为涅槃是万法的法性，即空性，实现涅槃的途径就是断除妄想分别，消除执着。

③一渧（dī）：一滴水。

④菩提：旧译为道，新译为觉，指开悟的智慧。

[译文]

这时，众多世界地藏菩萨的分身合成一个身形，流着眼泪，哀伤而留恋地对佛说："我从久远的往昔大劫以来，蒙受佛的摄受引导，获得了不可思议的神力，拥有了大智慧。我的分身遍布百千万亿恒河沙数的世界，在每一世界里又有百千万亿化身，每一个化身度百千万亿人，让他们皈依三宝，永远脱离生死苦海，获得涅槃之乐。他们于佛法中所做的善事，哪怕是像一根毛发、一滴水、一粒沙子、一颗尘埃、一根毫毛那样细微，我都会逐渐引导度化他们脱离生死苦海，使其获得佛法的利益。只希望世尊不要忧虑后世造下恶业的众生。"地藏菩萨这样说了三遍："只希望世尊不要忧虑后世造下恶业的众生。"

这时，佛称赞地藏菩萨道："善哉！善哉！我也随喜赞叹你的功德。你能完成从久远劫以来就发下的宏大的誓愿，一旦你将这些众生度化完了，就会证得无上菩提。"

观众生业缘品第三

尔时,佛母摩耶夫人①,恭敬合掌,问地藏菩萨言:"圣者,阎浮众生,造业差别,所受报应,其事云何?"地藏答言:"千万世界,乃及国土,或有地狱,或无地狱;或有女人,或无女人;或有佛法,或无佛法,乃至声闻、辟支佛,亦复如是。非但地狱罪报一等。"摩耶夫人重白菩萨:"且愿闻于阎浮罪报所感恶趣。"地藏答言:"圣母,唯愿听受,我粗说之。"佛母白言:"愿圣者说。"

[注释]

①摩耶夫人:即释尊之生母。摩耶,又作摩诃摩耶、摩诃摩邪,意译大幻化、大术、妙。为古印度迦毗罗卫城净饭王之妃。临产前依时俗返回娘家待产,途中在蓝毗尼园休息时,生下释尊,七日后逝世。据传其死后生于忉利天,释尊曾于某夏,升至忉利天,为其母说法。

[译文]

这时,佛母摩耶夫人合掌恭敬地问地藏菩萨道:"圣者,阎浮提众生所造的业报的差别以及所受的报应是怎么样的呢?"地藏菩萨回答道:"千万世界及国土中,有的有地狱,有的没有地狱;有的有女人,有的没有女人;有的有佛法,有的没有佛法,乃至于声闻、缘觉都是这样,有的有,有的没有。不只是地狱这一种罪报。"摩耶夫人又对地藏菩萨说:"我想听听阎浮提洲众生的罪业及其所招感的恶趣的情形。"地藏菩萨回答道:"圣母,您愿意听,我就粗略地讲讲。"佛母回答道:"请圣者讲说。"

尔时,地藏菩萨白圣母言:"南阎浮提罪报名号如是:若有众生不孝父母,或至杀害,当堕无间地狱,千万亿劫,求出无期。若有众生出佛身血①,毁谤三宝,不敬尊经,亦当堕于无间地狱,千万亿劫,求出无期。若有众生侵损常住②,玷污僧尼,或伽蓝③内恣④行淫欲,或杀或害,如是等辈,当堕无间地狱,千万亿劫,求出无期。若有众生,伪作沙门⑤,心非沙门,破用常住,欺诳白衣⑥,违背戒律,种种造恶,如是等辈,当堕无间地狱,千万亿劫,求出无期。若有众生,偷窃常住财物、谷米、饮食、衣服,乃至一物不与取⑦者,当堕无间地狱,千万亿劫,求出无期。"

地藏白言:"圣母,若有众生作如是罪,当堕五无间地狱,求暂停苦,一念不得。"

[注释]

①出佛身血:伤害佛的身体以致流血,这是五逆罪之一,犯此罪业,当堕无间地狱。

②常住:没有生灭变迁的意思。后专指僧侣的物品或者寺院。

③伽(qié)蓝:也译作僧伽蓝、僧伽罗摩,意译为众园、僧园、僧院。原指修建僧舍的基地,后来,一般用以称僧侣所居的寺院、堂舍,成为寺庙的通称。

④恣(zì):放纵,无拘束。

⑤沙门:又译作沙门那、娑门、桑门、丧门,意译为勤劳、功劳、劬

劳、净志、息恶、勤息、修道。为出家者总称,通用于佛教和印度的其他宗教。是对剃除须发、止息诸恶、善调身心、勤行诸善、期望获得涅槃的出家修道者的泛称。

⑥白衣:在家人的别称。原意为白色之衣,后转指穿白衣者,即指在家众。由于印度的在家人皆穿白色衣服,因此称在家众为"白衣"。相对于此,出家众则用染色衣,故称之为缁衣或染衣。由此,佛典中多以"白衣"为在家众之代用语。

⑦不与取:十恶业道之一,谓他人不与而自取之,即偷盗。禁制不与取,称为不与取戒,为五戒中之第二戒。

[译文]

这时,地藏菩萨对圣母说:"南阎浮提洲罪业果报的情形是这样的:如果有众生不孝敬父母,甚至杀害父母,就会堕入无间地狱,经过千万亿劫,想要离开也是遥遥无期的。如果有众生伤害佛致使其流血,毁谤三宝,不尊重经教,也会堕入无间地狱,经过千万亿劫,想要离开也是遥遥无期的。如果有众生,侵犯损坏寺院中的财物,玷污僧尼,破坏僧尼清净戒行,或在寺院里肆意地行淫欲之事,或者杀害、打骂僧尼,诸如此类的众生,会堕入无间地狱,经过千万亿劫,想要离开也是遥遥无期的。如果有众生伪装成沙门,但内心不具备沙门的戒行,破坏、使用寺院的财物,欺骗信众,违背戒律,造下种种恶业,诸如此类的众生,会堕入无间地狱,经过千万亿劫,想要离开也是遥遥无期的。如果有众生,偷窃寺院的财物谷米、饮食衣服,乃至于任何一件东西,如果不经过允许而取拿的,会堕入无间地狱,经过千万亿劫,想要离开也是遥遥无期的。"

地藏菩萨说道:"圣母,如果有众生造下了这些罪业,一定堕入五无间地狱,想祈求所遭受的苦楚暂停刹那也是不可能的。"

摩耶夫人重白地藏菩萨言："云何名为无间地狱？"

地藏白言："圣母，诸有地狱，在大铁围山之内，其大地狱，有一十八所，次有五百，名号各别，次有千百，名字亦别。无间狱者，其狱城周匝①八万余里，其城纯铁，高一万里，城上火聚，少有空缺。其狱城中，诸狱相连，名号各别。独有一狱，名曰无间，其狱周匝万八千里，狱墙高一千里，悉是铁为，上火彻②下，下火彻上。铁蛇铁狗，吐火驰逐，狱墙之上，东西而走。狱中有床，遍满万里。一人受罪，自见其身遍卧满床。千万人受罪，亦各自见身满床上。众业所感，获报如是。又诸罪人，备受众苦。千百夜叉及以恶鬼，口牙如剑，眼如电光，手复铜爪，拖拽罪人。复有夜叉，执大铁戟，中罪人身，或中口鼻，或中腹背。抛空翻接，或置床上。复有铁鹰，啖罪人目。复有铁蛇，缴罪人颈。百肢节内，悉下长钉，拔舌耕犁，抽肠锉斩③，烊④铜灌口，热铁缠身。万死千生，业感⑤如是。动经亿劫，求出无期。此界坏时，寄生他界；他界次坏，转寄他方；他方坏时，辗转相寄。此界成后，还复而来。无间罪报，其事如是。

[注释]

①周匝（zā）：环绕，谓环绕四周。"周"、"匝"皆围绕之义。

②彻：通，达。

③锉（cuò）斩：斩断。锉，磨光，切断。

④烊（yáng）：熔化金属。

⑤业感：苦乐等一切果报并不是偶然存在的，是由善恶之业力所感而

来,故称业感。

[译文]

摩耶夫人又问地藏菩萨:"什么叫作无间地狱?"

地藏菩萨说:"圣母,所有的地狱在大铁围山之内。大地狱有一十八所,次等的有五百所,名号各不相同。再次等的有千百个,名字也不相同。无间地狱者,其地狱外围的狱城周长八万多里,整个城用纯铁制成,城高一万里,城墙上烈火密布,没有一点空隙。地狱的城中,各个地狱互相连接,名字各不相同。其间特别有一个地狱,叫作无间。这个地狱周长一万八千里,城墙高一千里,都是铁制的,城墙上面的火焰下泄到墙根,墙根的火焰燃升到墙头。铁蛇、铁狗吐着火在城墙上奔跑驱赶那些想爬出城去的罪人。地狱中有床,充满于一万八千里中。一人遭受罪报,能看见自己的身体躺在整个铁床上。千万人遭受罪报,也能看见各自的身体充满整个铁床。这是众人的恶业所招感的苦报。而那些罪人,遭受各种苦楚。成百上千的夜叉和恶鬼,牙长出口外,如剑一般,眼中发出像闪电的光,手像铜爪,拖拽着罪人。又有夜叉拿着大铁戟,有的刺中罪人的身体,有的刺中罪人的口鼻,有的刺中罪人的腹背,然后把他们抛到空中,再用铁戟接住,不断翻转,或者扔到床上。还有铁鹰啄食罪人的眼睛。又有铁蛇缠勒罪人的脖子。或者在罪人的身体肢节内都打入长钉子,或者罪人的舌头被拔出来用铁犁在上面耕犁,或者将罪人的肠子抽出来节节砍断,或者把烧熔的铜汁灌入罪人的口中,或者用热铁缠裹罪人的身体。如此死死生生,生生死死,都是罪业招感的。如此经过上亿劫,想要离开也是遥遥无期的。这个世界坏灭了,就寄生于其他世界;其他世界又坏灭了,就转而寄生到另外的地方;另外的地方坏灭了,就辗转相寄。等到这个世界重生之后,又再次回来。无间地狱的罪报就是这样的情形。

"又五事业感,故称无间。何等为五?一者,日夜受罪,以至劫数,无时间绝,故称无间。二者,一人亦满,多人亦满,故称无间。三者,罪器叉棒,鹰蛇狼犬,碓①磨锯凿,锉斫镬汤,铁网铁绳,铁驴铁马,生革络首,热铁浇身,饥吞铁丸,渴饮铁汁,从年竟劫,数那由他,苦楚相连,更无间断,故称无间。四者,不问男子女人、羌胡夷狄②、老幼贵贱、或龙或神、或天或鬼,罪行业感,悉同受之,故称无间。五者,若堕此狱,从初入时,至百千劫,一日一夜,万死万生,求一念间暂住不得,除非业尽,方得受生,以此连绵,故称无间。"

地藏菩萨白圣母言:"无间地狱,粗说如是。若广说地狱罪器等名,及诸苦事,一劫之中,求说不尽。"摩耶夫人闻已,愁忧合掌,顶礼而退。

[注释]

①碓(duì):舂米用具。

②羌胡夷狄:中国古代代表不同方向地域的民族,即羌代表南、西南方的民族,胡代表西方的民族,夷代表东方的民族,狄代表北方的民族。

[译文]

"又有五种事情,由业力所感,就叫无间。什么叫作五无间?一者地狱众生日夜受罪,以至于经过许多劫数,其间也没有片刻间断,所以叫作无间。二者一人充满其中,无有间隙,多人也充满其中,无有间隙,所以叫作无间。三者惩处罪人的刑具与处罚种类繁多,有铁叉、铁棒、铁鹰、铁蛇、铁狼、铁狗、石碓、磨盘、铁锯、铁凿、铁锉、铁斧、铁油锅、铁网、铁绳、铁驴、铁马，或者用生皮革裹住罪人的头颈，用热铁汁浇罪人的身体，饿了吞食铁丸，渴了喝铁汁，这些处罚年复一年，劫复一劫，以至于在无数劫中，罪人所遭受的苦楚一个接一个，没有间断，所以叫作无间。四者不管男女、种族、老幼、贵贱、是龙是神、是天是鬼，只要造下了以上所说的业行，都要招致无间地狱的果报，所有的苦楚皆同受，没有差别，所以叫作无间。五者堕入此地狱，从初入地狱一直到百千万劫，一日一夜中，万死万生，想求得一念间的停歇也不可能，除非业报已尽，才能受生于无间地狱之外，这样的情形连绵不绝，所以叫作无间。"

地藏菩萨对圣母说："无间地狱的情况，大致如此。如果详细地述说地狱中的处罚刑具等名目、众生所遭受的众多苦楚，即便用上一劫的时间也是说不完的。"摩耶夫人听了，心生忧愁，恭敬合掌，顶礼了地藏菩萨之后，退了回去。

阎浮众生业感品第四

尔时,地藏菩萨摩诃萨白佛言:"世尊,我承佛如来威神力故,遍百千万亿世界,分是身形,救拔一切业报①众生。若非如来大慈力故,即不能作如是变化。我今又蒙佛付嘱,至阿逸多②成佛已来,六道众生,遣令度脱。唯然,世尊,愿不有虑。"

[注释]

①业报:"业"与"报"并称,意为业之报应或业之果报,指由身、口、意之善恶业因所必招感的苦乐果报。或指业因与果报,又写作业果。这是佛教的重要基本观念。

②阿逸多:意译无胜、无能胜或无三毒,是弥勒的字,被认为是佛的弟子。此处指弥勒。

[译文]

此时,地藏菩萨摩诃萨对佛说:"世尊,我因为承受了如来的威神之力的加持,在百千万亿个世界里,分身救拔一切造业受报的众生。如果不是如来慈悲威神力的加持,我就不能有如此的分身变化。我现在又蒙受佛的吩咐,在弥勒成佛之前,将六道中的受苦众生,全部加以度化使其解脱。好的,世尊,请您不要担忧。"

尔时,佛告地藏菩萨:"一切众生未解脱者,性识①无定,恶习结业，善习结果。为善为恶，逐境而生。轮转五道②，暂无休息，动经尘劫③，迷惑障难④。如鱼游网，将是长流，脱入暂出，又复遭网。以是等辈，吾当忧念。汝既毕是往愿、累劫重誓，广度罪辈，吾复何虑！"

[注释]

①性识：心性意识。

②五道：指天、人、地狱、畜生、饿鬼。此处之所以不提阿修罗，有两种说法：一是将阿修罗并入天道之中，二是认为阿修罗通于天道和饿鬼道。

③尘劫："尘点劫"的略称，如无数尘埃般的劫数，无从计量的长远时间。

④迷惑障难：迷，指无明，不见真如实相。惑，以迷故，惑于真理。障，指所知障、烦恼障，前者执着于理，后者执着于事，都能障碍圣道。难，指见佛闻法的八种难。

[译文]

这时，佛告诉地藏菩萨说："一切还没有解脱的众生，其心性情识不稳定，做恶事留下恶业，做善事得到好报。他们为善为恶，都是随着外部的环境变化而变化的。他们流转于五道之中，没有片刻停息，经过无数像微尘一样多的劫数，沉沦于迷、惑、障、难之中。好像鱼游入网，在生死长河中，暂时脱离出来，很快又游入其中，辗转轮回，永无出期。这样的众生正是我所忧虑的。你既然打算完成往昔的宏愿和累劫以来的重誓，广度这些罪苦众生，我还有什么可以忧虑的呢？"

说是语时，会中有一菩萨摩诃萨，名定自在王①，白佛言："世尊，地藏菩萨累劫以来，各发何愿，今蒙世尊殷勤赞叹？唯愿世尊，略而说之。"

[注释]

①定自在王：这位菩萨摄心入定，得大自在，故名。

[译文]

佛说完这些话时，集会中有一个大菩萨名定自在王，他对佛说："世尊，地藏菩萨在久远劫以来，各自发下了什么样的誓愿，今天受到世尊反复的赞叹？希望世尊能简要地说说。"

尔时，世尊告定自在王菩萨："谛听！谛听！善思念之，吾当为汝分别解说。乃往过去无量阿僧祇那由他不可说劫，尔时有佛，号一切智①成就如来、应供②、正遍知③、明行足④、善逝⑤、世间解⑥、无上士调御丈夫⑦、天人师⑧、佛、世尊，其佛寿命六万劫。未出家时，为小国王，与一邻国王为友，同行十善⑨，饶益⑩众生。其邻国内，所有人民，多造众恶。二王议计，广设方便。一王发愿：早成佛道，当度是辈，令使无余。一王发愿：若不先度罪苦，令是安乐，得至菩提，我终未愿成佛。"

佛告定自在王菩萨："一王发愿早成佛者，即一切智成就如来是。一王发愿永度罪苦众生，未愿成佛者，即地藏菩萨是。"

[注释]

①一切智：广义来讲，指无所不知的"佛智"。此外，也相当于"一

切种智"，特指了知现象共性、总相之智，这个总相即事物的空相。

②应供：佛十号之一。指断尽一切烦恼，智德圆满，应受人天供养、尊敬者，也就是应受一切人天以种种香、花、璎珞、幢幡、伎乐等供养者。

③正遍知：佛十号之一。音译作三藐三佛陀、三藐三菩提，意思是真正遍知一切法者。

④明行足：佛十号之一。音译鞞侈遮罗那三般那。明，是阿耨多罗三藐三菩提之义，也就是无上正等正觉之义；行，是修行。指在知与行方面都达到圆满境地者。

⑤善逝：佛十号之一。即如实去往彼岸，不再退没于生死海者。

⑥世间解：佛十号之一。能充分理解世间一切事物、事相者，也就是尽知宇宙森罗万象的因果理法，能充分理解世间、出世间之事者。

⑦无上士调御丈夫：佛十号之一。指佛能教化引导一切可度者。调御，是调伏训练之意，佛对于一切众生，无论其根性习气如何，都能调伏其心向法。

⑧天人师：佛十号之一。又作天人导师，意思是佛为诸天与人类之导师，示导一切应作不应作、是善是不善，若能依教而行，不舍道法，能得解脱烦恼之报，故称天人师。

⑨十善：与十恶相对，指佛教的基本道德信条。即不杀、不盗、不淫、不妄语、不两舌、不恶口、不绮语、不贪、不恼害、不邪见。十善由三种身业（不杀、不盗、不淫）、四种语业（不妄语、不两舌、不恶口、不绮语）及三种意业（不贪、不恼害、不邪见）组成，又称十善道、十善业道、十善根本业道。

⑩饶益：给予众生丰富利益。饶，富裕，富足。益，利益。

[译文]

这时,世尊告诉定自在王菩萨道:"仔细听!仔细听!并认真地思考,我为你分别讲述。在过去无量不可说之劫时,有佛名号为一切智成就如来、应供、正遍知、明行足、善逝、世间解、无上士调御丈夫、天人师、佛、世尊,此佛的寿命长六万劫。他没有出家时,是一个小国的国王,且与邻国国王是朋友,二人都推行十善法,使众生获得利益。但其邻国内所拥有的百姓,造下众多的恶业。这两个国王商议,广设种种方便法门,帮助他们使其不堕入三恶道。其中一个国王发下这样的大愿:早日成就佛道,然后度化这些众生,使他们全部脱离苦海。另外一个国王发下了这样的大愿:如果不先度化尽这些遭受罪苦的众生,让他们得到安乐,乃至于最后取得觉悟,我始终不会祈愿成佛。"

佛告诉定自在王菩萨:"那发愿早日成佛者,就是一切智成就如来。那发愿永远度化罪苦众生,没有发愿成佛者,就是地藏菩萨。"

复于过去无量阿僧祇劫,有佛出世,名清净莲华目如来,其佛寿命四十劫。像法之中,有一罗汉,福度众生。因次教化,遇一女人,字曰光目,设食供养。罗汉问之:"欲愿何等?"光目答言:"我以母亡之日,资福救拔,未知我母生处何趣?"罗汉愍之,为入定①观②,见光目女母堕在恶趣,受极大苦。罗汉问光目言:"汝母在生,作何行业?今在恶趣,受极大苦。"光目答言:"我母所习,唯好食啖鱼鳖之属。所食鱼鳖,多食其子,或炒或煮,恣情食啖,计其命数,千万复倍。尊者慈愍,如何哀救?"罗汉愍之,为作方便,劝光目言:"汝可志诚念清净莲华目如来,兼塑画形像,存亡获报。"光目闻已,即舍所爱,寻画佛像而供养之,复恭敬心,悲泣瞻礼。忽于夜后,梦见佛身,金色晃耀,如须弥山,放大光明。而告光目:"汝母不久当生汝家,才觉饥寒,即当言说。"

[注释]

①入定:入于禅定,即收摄散乱之心,进入安定不动的精神状态。

②观:以定心观察对象,可以达到广、深、远、明的观察效果。

[译文]

又在过去无量劫时,当时有佛出世,名为清净莲华目如来,此佛寿命长四十劫。在佛涅槃后的像法时期,有一个阿罗汉为众生培植福田,次第教化他们。其间,他遇到了一个女子,名字叫作光目。光目准备了饮食供养阿罗汉。阿罗汉问她:"你有什么愿望?"光目回答道:"我从母亲去世时起,就做些福德救拔她,不知道我母亲现在投生到哪一趣中了?"罗汉怜悯她,就为她入定观看,发现光目的母亲堕入了恶趣中,遭受极大的苦楚。罗汉问光目:"你母亲活着的时候,做了什么事情?现在堕在恶趣中,遭受极大的苦楚。"光目回答说:"我母亲有个习气,专门喜欢吃鱼鳖之类。吃鱼鳖时,还特别喜欢食其子,或炒或煮,纵情肆意地吃。如果计算她吃过的鱼鳖数量,成千上万无法计数。尊者发发慈悲,请告诉我如何救度?"罗汉哀悯她,就告诉她一个方法,劝告她说:"你可以虔诚地念诵清净莲华目如来名号,并塑造、彩画他的像,这样无论是死者还是生者,都会得到福报。"光目听了,就把自己的心爱之物变卖了,用所得钱财塑画清净莲华目如来供养,又用至诚的恭敬心,悲伤地哭泣着进行了礼拜。午夜,她突然梦见清净莲华目如来,闪耀着金色,高大如须弥山,周身发出光明。他告诉光目:"你的母亲不久后会投生在你家中,出生后刚感到饥寒，马上就会开口说话。"

其后家内婢生一子，未满三日，而乃言说。稽首悲泣，告于光目："生死业缘①，果报自受，吾是汝母，久处暗冥。自别汝来，累堕大地狱。蒙汝福力，方得受生②，为下贱人，又复短命，寿年十三，更落恶道。汝有何计，令吾脱免？"光目闻说，知母无疑，哽咽悲啼，而白婢子："既是我母，合知本罪，作何行业，堕于恶道？"婢子答言："以杀害、毁骂二业受报。若非蒙福，救拔吾难，以是业故，未合解脱。"光目问言："地狱罪报，其事云何？"婢子答言："罪苦之事，不忍称说，百千岁中，卒白难竟。"

[注释]

①业缘：善恶果报的因缘。善业是招感乐果的因缘，恶业是招感苦果的因缘。

②受生：投生，投胎。

[译文]

之后，光目家中的婢女生下一子，还没有满三天，就能说话。他向光目叩首礼拜，并悲切哭泣着告诉光目："生死都受业力因缘支配，自己造业，自己承受果报。我是你的母亲，久处于幽冥之中。自从和你分别，累次堕入大地狱。蒙受你的福德之力，才能脱离地狱，投生为人。但也只能做一个下贱的人，而且短命，寿限只有十三岁，死后会再次堕入恶道。你有什么方法让我脱离恶道、免除恶道之苦？"光目听了，知道这真的是自己的母亲，就哽咽痛哭着对婢女之子说道："你既然是我的母亲，应当知道你自己的罪行,知道你造了什么样的业,而堕入恶道?"婢女之子回答道:"我因杀生害命和毁谤辱骂他人两种恶业而遭受果报。如果不是蒙受你的福德救拔我,免除我的苦难,以我的罪业,是不可能从恶道里解脱的。"光目问道:"地狱里的果报情形是怎样的?"婢女之子回答说:"地狱里因罪业招致的苦楚,我都不忍心说,而且如果要说,几千年也说不完。"

光目闻已,啼泪号泣,而白空界:"愿我之母,永脱地狱,毕十三岁,更无重罪,及历恶道。十方诸佛,慈哀愍我,听我为母所发广大誓愿:若得我母永离三涂①,及斯下贱,乃至女人之身永劫不受者。愿我自今日后,对清净莲华目如来像前,却后百千万亿劫中,应有世界,所有地狱及三恶道诸罪苦众生,誓愿救拔,令离地狱恶趣、畜生、饿鬼等。如是罪报等人,尽成佛竟,我然后方成正等正觉②。"

[注释]

①三涂:即三途,三恶道的别名,指地狱道、饿鬼道、畜生道。

②正等正觉:梵语三藐三菩提,意译为正等正觉,即真正平等的觉悟。

[译文]

光目听了,号啕痛哭着对空中说:"愿我的母亲永远脱离地狱,在十三岁之后,她这个重罪没有了,也不会经历恶道。十方世界的诸佛慈悲哀悯于我,听我为我母亲发下大誓愿。如果我母亲能永远脱离三恶道以及转生为人中下贱者,乃至于永远不会转生为女人,我今天对着清净莲华目如来像发愿:从今日起一直到将来百千万亿劫,所有世界中的所有地狱及三恶道中的罪苦众生,我发下誓愿救度超拔他们,让他们脱离地狱、畜生、饿鬼三恶趣,而且还要使这些罪苦众生都成佛后,我才证得无上菩提,成就佛果。"

发誓愿已,具闻清净莲华目如来而告之曰:"光目,汝大慈愍,善能为母发如是大愿。吾观汝母十三岁毕,舍此报已,生为梵志①,寿年百岁。过是报后,当生无忧国土②,寿命不可计劫。后成佛果,广度人天,数如恒河沙。"

[注释]

①梵志:音译婆罗门、梵士,意译净裔、净行。又称净行者、净行梵志。婆罗门志求得生梵天,故有此称,或者指志求梵天之法者。

②无忧国土:极乐世界。

[译文]

光目发完这个誓愿,就听见清净莲华目如来对她说:"光目,你慈悲心广大,以善心为母亲发下如此大愿。我以佛眼观看,发现你的母亲十三岁后,舍弃了这个果报,转生为梵志,寿命有一百岁。在这个果报之后,会往生西方极乐世界,寿命不可计量。最后成佛,广泛地去度化人和天众,其数量如恒河沙一样多。"

佛告定自在王:"尔时罗汉福度光目者,即无尽意菩萨是。光目母者，即解脱菩萨是，光目女者，即地藏菩萨是。过去久远劫中，如是慈愍，发恒河沙愿，广度众生。

"未来世中，若有男子女人，不行善者、行恶者，乃至不信因果者、邪淫①妄语②者、两舌③恶口④者、毁谤大乘⑤者，如是诸业众生，必堕恶趣。若遇善知识⑥，劝令一弹指间，归依地藏菩萨，是诸众生即得解脱三恶道报。若能志心归敬及瞻礼赞叹，香华衣服，种种珍宝，或复饮食，如是奉事者，未来百千万亿劫中，常在诸天受胜妙乐。若天福尽，下生人间，犹百千劫常为帝王，能忆宿命⑦因果本末。定自在王，如是地藏菩萨有如此不可思议大威神力，广利众生。汝等诸菩萨当记是经，广宣流布。"

[注释]

①邪淫：十恶之一，即在家者不可为的恶行之一。对男性而言，指与妻子以外的女性行淫。又，虽与妻子行房，但行于不适当之时间、场所等，亦为邪淫。

②妄语：十恶之一，特指以欺人为目的而说的虚妄之语。妄语戒为五戒、十戒之一。

③两舌：十恶之一，又译作两舌语、离间语。即于两人之间搬弄是非、挑拨离间，破坏彼此之和合者。

④恶口：十恶之一，即口出粗恶语言毁谤、谩骂他人。

⑤大乘：音译摩诃衍那、摩诃衍，又写作上乘、胜乘、第一乘等，为"小乘"的相反词。乘，即交通工具，此喻指能将众生从烦恼之此岸载至觉悟之彼岸之教法。大乘即菩萨的法门，以救世利他为宗旨，最高的果位是佛果。

⑥善知识：又写作知识、善友、亲友、胜友、善亲友，指正直而有德行、能教导正道的人。

⑦宿命：过去世之命运，又称宿住。即总称过去一生、无量生中之受报差别、善恶苦乐等情状。

[译文]

佛告诉定自在王菩萨："当时以福力度化光目的罗汉，就是无尽意菩萨。光目的母亲就是解脱菩萨，光目就是地藏菩萨。他在过去无数的大劫中，如此慈悲怜悯众生，发下像恒河沙那么多的宏愿，普度他们。

"在未来的世界中，如果有男子、女人不行善，只行恶者，以及不相信因果者，邪淫妄语者，挑拨离间、口出恶语者，毁谤大乘佛教者，诸如此类的众生必定会堕入恶趣中。他们如果遇到能示现正道的善知识，劝解让这些众生刹那之间归依地藏菩萨，这些众生就可以从三恶道的果报中解脱。他们如果能虔诚归依敬拜地藏菩萨，以及瞻礼赞叹，用上好的香料、鲜花、衣服、种种珍宝，或者用食物等供养奉事地藏菩萨，这些众生在未来的百千万亿大劫中，常常转生在诸天之中，享受各种殊胜美妙的欢乐。如果天的福报享受尽了，下生到人间，在百千劫中也常常转生为帝王，能够回忆自己的宿命。定自在王，地藏菩萨就是有如此不可思议的广大威神之力，能普度众生。你们这些菩萨应当记住这个经，广为宣讲使其流传。"

定自在王白佛言："世尊，愿不有虑。我等千万亿菩萨摩诃萨，必能承佛威神，广演是经，于阎浮提利益众生。"定自在王菩萨白世尊已，合掌恭敬，作礼而退。

[译文]

定自在王菩萨对佛说："世尊，希望您不要忧虑。我等千万亿菩萨大菩萨，一定能蒙受佛的威神力加持，一定能在阎浮提洲广泛地演说此经，利益众生。"定自在王菩萨说完，向佛合掌恭敬地礼拜后退回众人之中。

尔时，四方天王俱从座起，合掌恭敬，白佛言："世尊，地藏菩萨于久远劫来，发如是大愿，云何至今犹度未绝，更发广大誓言？唯愿世尊为我等说。"

佛告四天王："善哉！善哉！吾今为汝及未来、现在天人众等广利益故，说地藏菩萨于娑婆世界，阎浮提内，生死道中，慈哀救拔，度脱一切罪苦众生方便之事。"

四天王言："唯然，世尊，愿乐欲闻。"

[译文]

这时，四方的天王都从座位上起身，合掌恭敬地对佛说："世尊，地藏菩萨在久远的劫中，发如此的大愿，为何到了现在还没有度尽众生，还要再次发下宏大的誓愿呢？希望世尊能为我们讲说。"

佛对四天王说："善哉！善哉！我现在为你们以及将来、现在的天、人等众生广行利益，所以说说地藏菩萨在娑婆世界，阎浮提之内，在生死轮回中，以慈悲心救拔一切罪苦众生，使他们脱离生死苦海的种种方便法门。"

四天王说："好的，世尊，我们非常乐意听您讲。"

佛告四天王："地藏菩萨久远劫来，迄至于今，度脱众生，犹未毕愿。慈愍此世罪苦众生，复观未来无量劫中，因蔓不断，以是之故，又发重愿。如是菩萨于娑婆世界，阎浮提中，百千万亿方便,而为教化。

[译文]

  佛告诉四天王:"地藏菩萨从久远劫以来,迄今为止,度化超脱众生,尚未完成自己的大愿。只因慈悲哀悯这个世界的罪苦众生,他又观见未来的无量劫中,众生所造的恶业就像藤蔓一样连绵不断,因为这个缘故,地藏菩萨再次发下宏大誓愿,要在娑婆世界、阎浮提中,用百千万亿方便法门教化众生。

  "四天王,地藏菩萨若遇杀生者,说宿殃短命报。若遇窃盗者,说贫穷苦楚报。若遇邪淫者,说雀鸽鸳鸯报。若遇恶口者,说眷属斗诤报。若遇毁谤者,说无舌疮口报。若遇瞋恚①者,说丑陋癃残②报。若遇悭吝③者,说所求违愿报。若遇饮食无度者,说饥渴咽病报。若遇畋猎④恣情者,说惊狂丧命报。若遇悖逆⑤父母者,说天地灾杀报。若遇烧山林木者,说狂迷取死报。若遇前后父母恶毒者,说返生鞭挞⑥现受报。若遇网捕生雏者,说骨肉分离报。若遇毁谤三宝者,说盲聋喑哑⑦报。若遇轻法慢教者,说永处恶道报。若遇破用常住者,说亿劫轮回地狱报。若遇污梵诬僧者,说永在畜生报。若遇汤火斩斫伤生者,说轮回递偿报。若遇破戒犯斋⑧者,说禽兽饥饿报。若遇非理⑨毁用者,说所求阙⑩绝报。若遇吾我贡高⑪者,说卑使下贱报。若遇两舌斗乱者,说无舌百舌报。若遇邪见者,说边地⑫受生报。

[注释]

  ①瞋恚(chēn huì):"三毒"之一,"十不善法"之一,愤怒、憎恨

的心理情绪。

②癃（lóng）残：癃，弯腰驼背、身材极矮或足不能行等病。残，是人体的器官有所残缺，不能行动或影响行动。

③悭吝（qiān lìn）：对于财物过分吝惜，自己不肯享用，也不肯恩施于他人。

④畋（tián）猎：打猎。

⑤悖（bèi）逆：违逆，忤逆。

⑥鞭挞（tà）：用鞭子抽打。

⑦喑（yīn）哑：哑巴。

⑧犯斋：有两种解释，一种指吃肉，违犯了素食的戒律；一种指违犯了"日中一食"的戒律。

⑨非理：不合乎情理。

⑩阙（quē）：通"缺"，缺乏。

⑪贡高：自以为高人一等。

⑫边地：指不能听闻佛法的边远地区。

[译文]

"四天王，地藏菩萨如果遇到杀生的人，就给他说因之而短命的果报。如果遇到偷窃的人，就给他说受穷受苦的果报。如果遇到邪淫的人，就给他说转生为雀、鸽子、鸳鸯的果报。如果遇到恶语伤人者，就给他说亲属间互相争斗的报应。如果遇到毁谤他人者，就给他说口中无舌或者口中生疮的报应。如果遇到脾气暴躁的人，就给他说长相丑陋、四肢残废的果报。如果遇到小气吝啬的人，就给他说自己的希求都不能遂愿的果报。如果遇到饮食无度的人，就给他说饥渴、咽喉病变的果报。如果遇到纵情狩猎的人，就给他说受惊发狂并丧命的果报。如果遇到悖逆父母的人，就给他说在天地灾祸中丧命的果报。如果遇到烧山林树木的人，就给他说精神错乱而导致死亡的果报。如果遇到继父继母心肠恶毒、虐待继子继女者，就给他说来生反过来投生为子女、受人鞭打的报应。如果遇到用网捕获小鸟、小动物的人，就给他说骨肉分离的果报。如果遇到毁谤三宝的人，就给他说盲、聋、哑的果报。如果遇到轻慢佛法、经教的人，就给他说永远会处于恶道的果报。如果遇到偷盗、损毁三宝财物的人，就给他说上亿劫在地狱轮回的果报。如果遇到玷污出家人清净梵行或者诬蔑僧人者，就给他说永远堕在畜生道的果报。如果遇到用热水、火、刀斧伤害众生的人，就给他说来世轮回流转、遭到同样对待的果报。如果遇到破戒吃肉的人，就给他说转生为禽兽，饱受饥饿之苦的果报。如果遇到不合乎情理地毁坏、使用东西的人，就给他说来世所求都无法满足的果报。如果遇到傲慢、轻视他人者，就给他说来世投生于下贱者中的果报。如果遇到挑拨他人争斗者，就给他说来世无舌或者生出很多舌头的果报。如果遇到持邪见者，就给他说来世转生于边远的荒僻之地，无缘听受佛法的果报。

"如是等阎浮提众生，身口意业，恶习结果，百千报应，今粗略说。如是等阎浮提众生业感差别，地藏菩萨百千方便而教化之。是诸众生，先受如是等报，后堕地狱，动经劫数，无有出期。是故汝等护人护国，无令是诸众业迷惑众生。"

四天王闻已，涕泪悲叹，合掌而退。

[译文]

"如上面所说的这些阎浮提众生，由于身、口、意造下种种恶业，结成恶果，招感成百上千的报应，今天只是粗略地加以讲说。因为这些阎浮提众生造业多端，所招致的果报也种类繁多，地藏菩萨因此用成百上千的方便法门教化他们。这些众生先遭受了如此种种果报，之后又堕入地狱中，经过无数劫都不能脱离。所以你等要保护众生、保护国家，不要使众生被种种恶业所迷惑。"

四天王听了，涕泪交加，悲叹不已，合掌礼拜了佛，退回自己的座位。

卷 中

地狱名号品第五

尔时,普贤菩萨①摩诃萨白地藏菩萨言:"仁者②,愿为天龙四众③,及未来现在一切众生,说娑婆世界及阎浮提罪苦众生,所受报处地狱名号,及恶报等事,使未来世末法④众生,知是果报。"

[注释]

①普贤菩萨:音译三曼多跋陀罗菩萨,又译作遍吉等名。是具足无量行愿、普现于一切佛刹的大乘圣者。在娑婆世界,他与文殊菩萨并为释迦牟尼的两大胁侍。在我国,则是四大菩萨(观音、文殊、地藏、普贤)之一。作为释迦牟尼之胁侍,文殊菩萨驾狮子侍在释尊的左侧,普贤菩萨则乘白象侍在右侧。文殊象征智、慧、证三德,普贤则显示理、定、行三德。在修行上,文殊重在一切般若,而普贤则重在一切三昧。两位菩萨德行的配合,象征着大乘精神最究竟的完成。

②仁者:此处指菩萨之间的尊称。

③天龙四众:指天龙八部及佛门四众。

④末法:按照梵文的原意,末法即正法绝灭,指佛法衰颓之时代。佛法分三个时期,即正法时期、像法时期、末法时期。关于这三个时期的时限有不同的说法,其中较为通行的是:正法时期一千年,像法时期一千年,末法时期一万年。现在正是末法时期,即佛法进入了衰微的时期。

[译文]

这时，普贤菩萨对地藏菩萨说："仁者，希望您能为天龙诸部、佛门四众以及未来、现在一切众生，讲说娑婆世界及阎浮提中的罪苦众生所遭受果报的地狱的名号，以及种种恶报情形，使未来世的末法时期众生能了知这些果报。"

地藏答言："仁者，我今承佛威神，及大士①之力，略说地狱名号，及罪报恶报之事。仁者，阎浮提东方有山，号曰铁围，其山黑邃，无日月光。有大地狱，号极无间；又有地狱，名大阿鼻②；复有地狱，名曰四角③；复有地狱，名曰飞刀；复有地狱，名曰火箭；复有地狱，名曰夹山；复有地狱，名曰通枪；复有地狱，名曰铁车；复有地狱，名曰铁床；复有地狱，名曰铁牛；复有地狱，名曰铁衣；复有地狱，名曰千刃；复有地狱，名曰铁驴；复有地狱，名曰烊铜；复有地狱，名曰抱柱；复有地狱，名曰流火；复有地狱，名曰耕舌；复有地狱，名曰锉首；复有地狱，名曰烧脚；复有地狱，名曰啖眼；复有地狱，名曰铁丸；复有地狱，名曰诤论；复有地狱，名曰铁铁④；复有地狱，名曰多瞋。"

[注释]

①大士：菩萨的通称。士者，事也。行自利、利他之大事者，谓之大士。

②阿鼻：又作阿鼻旨，意译为无间，指无间地狱。一般认为阿鼻地狱即无间地狱，但在本经中，这是两个地狱。

③四角：此地狱四周以热铁为壁，烧得通红，一片火海，火从四个角喷出来，人在里面被烧烤，昼夜不间断。

④铁铁（fū）：铁斧。

[译文]

地藏菩萨回答道："仁者，我现在蒙受佛的威神以及您的慈悲愿力，大概说说地狱的名号，以及地狱中的罪苦恶报情形。仁者，阎浮提东方有座山，名叫铁围山，其山黑暗幽深，日月的光芒照耀不到。在铁围山之内，有个大地狱，名叫极无间；又有地狱，名叫大阿鼻；又有地狱，名叫四角；又有地狱，名叫飞刀；又有地狱，名叫火箭；又有地狱，名叫夹山；又有地狱，名叫通枪；又有地狱，名叫铁车；又有地狱，名叫铁床；又有地狱，名叫铁牛；又有地狱，名叫铁衣；又有地狱，名叫千刃；又有地狱，名叫铁驴；又有地狱，名叫烊铜；又有地狱，名叫抱柱；又有地狱，名叫流火；又有地狱，名叫耕舌；又有地狱，名叫锉首；又有地狱，名叫烧脚；又有地狱，名叫啖眼；又有地狱，名叫铁丸；又有地狱，名叫诤论；又有地狱，名叫铁铁；又有地狱，名叫多瞋。"

地藏白言："仁者，铁围之内，有如是等地狱，其数无限。更有叫唤地狱，拔舌地狱，粪尿地狱，铜锁地狱，火象地狱，火狗地狱，火马地狱，火牛地狱，火山地狱，火石地狱，火床地狱，火梁地狱，火鹰地狱，锯牙地狱，剥皮地狱，饮血地狱，烧手地狱，烧脚地狱，倒刺地狱，火屋地狱，铁屋地狱，火狼地狱。如是等地狱，其中各各复有诸小地狱，或一或二、或三或四，乃至百千，其中名号，各各不同。"

[译文]

　　地藏菩萨说:"仁者,铁围山之内,诸如此等的地狱数量无限。更有叫唤地狱、拔舌地狱、粪尿地狱、铜锁地狱、火象地狱、火狗地狱、火马地狱、火牛地狱、火山地狱、火石地狱、火床地狱、火梁地狱、火鹰地狱、锯牙地狱、剥皮地狱、饮血地狱、烧手地狱、烧脚地狱、倒刺地狱、火屋地狱、铁屋地狱、火狼地狱。诸如此等的地狱,其中又各包括一些小地狱,或者一个,或者两个,或者三个,或者四个,乃至于成百上千个,这些小地狱的名称也都各不相同。"

　　地藏菩萨告普贤菩萨言:"仁者,此者皆是南阎浮提行恶众生,业感如是。业力甚大,能敌须弥,能深巨海,能障圣道。是故众生莫轻小恶,以为无罪,死后有报,纤毫受之。父子至亲,歧路各别,纵然相逢,无肯代受。我今承佛威力,略说地狱罪报之事,唯愿仁者暂听是言。"

　　普贤答言:"吾已久知三恶道报,望仁者说,令后世末法一切恶行众生,闻仁者说,使令归佛。"

[译文]

　　地藏菩萨告诉普贤菩萨说:"仁者,这些都是南阎浮提洲作恶众生的业力招感的。这些业的力量特别大,能超过须弥山,能比大海还深,能阻碍众生修习圣道。所以众生不要轻视那些小的恶行,以为没有罪报,其实死后都会招致果报,即便是非常微细的恶行都会有果报。父子等至亲骨肉,死后因为业报不同,也是各奔东西,纵然相逢,谁也不肯代受对方的罪报。我如今承蒙佛的威神力,大概地再说说地狱中罪苦报应的情形,请仁者暂时再听听我所说的。"

普贤菩萨回答道:"我早已知道三恶道中果报的情形,希望仁者再讲述一遍,使后世末法时代一切作恶的众生,听了仁者所说的罪报,能弃恶从善,皈依三宝。"

地藏白言:"仁者,地狱罪报,其事如是:或有地狱,取罪人舌,使牛耕之。或有地狱,取罪人心,夜叉食之。或有地狱,镬汤盛沸,煮罪人身。或有地狱,赤烧铜柱,使罪人抱。或有地狱,使诸火烧,趁①及罪人。或有地狱,一向②寒冰。或有地狱,无限粪尿。或有地狱,纯飞蒺藜③。或有地狱,多攒④火枪。或有地狱,唯撞胸背。或有地狱,但烧手足。或有地狱,盘缴铁蛇。或有地狱,驱逐铁狗。或有地狱,尽驾铁骡。

[注释]

①趁:逐,追赶。

②一向:一直,从来。

③蒺藜(jí lí):草本植物,浑身有刺。后指像蒺藜一样的东西,如铁蒺藜,常做兵器。

④攒(cuán):集中发射。

[译文]

地藏菩萨说:"仁者,地狱中的罪报情形是这样的:或者有地狱,扯出罪人的舌头,让牛拉着犁来耕它;或者有地狱,挖出罪人的心肝,让夜叉吃掉；或者有地狱，用锅盛着沸水，煮罪人的身体；或者有地狱，将铜柱烧得通红，让罪人搂抱；或者有地狱，里面都是火，追着烧炙罪人；或者有地狱，一直都是寒冰；或者有地狱，到处都是粪尿；或者有地狱，空中到处飞着铁蒺藜；或者有地狱，到处都飞射着烧红的铁枪；或者有地狱，只撞击罪人的胸部和背部；或者有地狱，只烧罪人的手脚；或者有地狱，用铁蛇缠绞罪人；或者有地狱，被铁狗追逐撕咬；或者有地狱，让罪人全都骑在铁骡子上颠簸。

"仁者，如是等报，各各狱中，有百千种业道之器，无非是铜、是铁、是石、是火，此四种物，众业行①感。若广说地狱罪报等事，一一狱中，更有百千种苦楚，何况多狱？我今承佛威神及仁者问，略说如是。若广解说，穷劫不尽。"

[注释]

①业行：业即行，同义反复。

[译文]

"仁者，诸如此类的果报，在每一个地狱里，有成百上千种业果报应的刑器，无非是铜、铁、石、火四种物品，这都是众生行为招感的。如果要详尽地述说地狱中的罪报情形，每一个地狱中都有百千种苦楚，更何况无数的地狱？我现在蒙受佛的威神之力和仁者的提问，大致地讲了讲。如果要详细广泛地去讲，那穷尽一劫的时间也是说不完的。"

如来赞叹品第六

尔时,世尊举身放大光明,遍照百千万亿恒河沙等诸佛世界。出大音声,普告诸佛世界一切诸菩萨摩诃萨,及天龙、鬼神、人、非人①等:"听吾今日称扬赞叹地藏菩萨摩诃萨,于十方世界,现大不可思议威神慈悲之力,救护一切罪苦之事。吾灭度②后,汝等诸菩萨大士,及天龙鬼神等,广作方便,卫护是经,令一切众生证涅槃乐。"

[注释]

①人、非人:人和非人。非人,指人类以外的众生,有时指天、龙、阿修罗等八部众,有时指鬼神所幻化而成的"变化人"。各佛典对"非人"的内涵,所说并非完全相同。

②灭度:即涅槃、圆寂、迁化,含义为命终证果,灭障度苦。

[译文]

这时,世尊全身放射出巨大的光明,遍照如百千万亿恒河沙数的诸佛世界,发出极大的声音,告诉诸佛世界的一切菩萨大菩萨,以及天龙、鬼神、人、非人等:"你们听我今日称扬赞叹地藏菩萨,在十方世界,显现巨大的、不可思议的威神之力、慈悲之力,救护一切罪苦众生的事业。我灭度后,你们这些菩萨大士以及天龙、鬼神等,应该以种种方便护卫这部经,使一切众生通过修行此经,能够证得涅槃之乐。"

说是语已,会中有一菩萨,名曰普广,合掌恭敬而白佛言:"今见世尊赞叹地藏菩萨,有如是不可思议大威神德。唯愿世尊为未来世末法众生,宣说地藏菩萨利益人天因果等事,使诸天龙八部,及未来世众生,顶受佛语。"

尔时,世尊告普广菩萨及四众等:"谛听!谛听!吾当为汝略说地藏菩萨利益人天福德之事。"

普广白言:"唯然,世尊,愿乐欲闻。"

[译文]

佛说完这些话,法会中有一个菩萨名叫普广,合掌恭敬地对佛说:"今天听见世尊赞叹地藏菩萨有如此不可思议的巨大威神、福德。我希望世尊能为未来世的末法众生宣说地藏菩萨利益人天的因果事迹,使天龙八部以及未来世的众生都能顶礼受持佛所说的。"

这时,世尊告诉普广菩萨及四众弟子等:"仔细听!仔细听!我将为你们大概说说地藏菩萨利益人天的福德之事。"

普广菩萨说:"请世尊讲说,我们都很乐意听。"

佛告普广菩萨:"未来世中,若有善男子、善女人,闻是地藏菩萨摩诃萨名者,或合掌者、赞叹者、作礼者、恋慕者,是人超越三十劫罪。

[译文]

佛告诉普广菩萨说:"未来世中,如果有善男子、善女人,听闻地藏菩萨的名号，或者合掌恭敬，或者赞叹，或者礼拜，或者生起恋慕之心，这个人就可以超脱三十劫的罪报。

"普广，若有善男子、善女人，或彩画形像，或土石胶漆金银铜铁，作此菩萨，一瞻一礼者，是人百返生于三十三天[1]，永不堕于恶道。假如天福尽故，下生人间，犹为国王，不失大利。

"若有女人，厌女人身，尽心供养地藏菩萨画像，及土石胶漆铜铁等像，如是日日不退，常以华香、饮食、衣服、缯彩[2]、幢幡[3]、钱、宝物等供养。是善女人，尽此一报女身，百千万劫，更不生有女人世界，何况复受？除非慈愿力故，要受女身，度脱众生。承斯供养地藏力故，及功德力，百千万劫不受女身。

[注释]

[1]三十三天：即忉利天。此天位于须弥山顶，其中，在须弥山顶中央，有帝释天，四方各有八天，合为三十三天。三十三天如下：住善法堂天、住峰天、住山顶天、善见城天、钵私地天、住俱咤天、杂殿天、住欢喜园天、光明天、波利耶多树园天、险岸天、住杂险岸天、住摩尼藏天、旋行地天、金殿天、鬘影处天、住柔软地天、杂庄严天、如意地天、微细行天、歌音喜乐天、威德轮天、月行天、阎摩娑罗天、速行天、影照天、智慧行天、众分天、住轮天、上行天、威德颜天、威德焰轮天、清净天。

[2]缯（zēng）彩：彩色的丝织物。缯，古代对丝织物的总称。

[3]幢幡（chuáng fān）：幢、幡皆属于锦旗之类。幢，一种长筒形的旗帜，悬挂在殿堂内，质料多为绸布，上面多绣以经文。幡，一种窄长的旗子，垂直悬挂，用于供奉和装饰佛菩萨像等，由幡头、幡身、幡手、幡

足四部分组成。

[译文]

"普广,如果有善男子、善女人,或者彩绘地藏菩萨像,或者用土、石、胶、漆、金、银、铜、铁制作地藏菩萨像,哪怕只瞻礼一次,此人也会上百次转生于三十三天,永远不会堕入恶道。如果天的福报享尽了,他下生到人间,也还是转生为国王,不会丧失了人间最大的利益福报。

"若有女人厌恶自己的女人身份,如果能尽心供养地藏菩萨画像,以及用土、石、胶、漆、铜、铁等制作地藏菩萨像,每日如此,从不减退,常常以花香、饮食、衣服、彩色丝织物、幢幡、钱、宝物等供养。这个善女人在这一世女身之后,百千万劫中,都不会再转生于有女人的世界中,更何况受报为女身?除非她因慈悲力、誓愿力故,要自愿转生为女人度化众生。否则凭借着供养地藏菩萨的福报之力,百千万劫也不会受报为女人之身。

"复次,普广,若有女人,厌是丑陋、多疾病者,但于地藏像前,志心瞻礼,食顷之间,是人千万劫中,所受生身,相貌圆满。是丑陋女人,如不厌女身,即百千万亿生中,常为王女,乃及王妃,宰辅大姓,大长者女,端正受生,诸相圆满。由志心故,瞻礼地藏菩萨,获福如是。

"复次,普广,若有善男子、善女人,能对菩萨像前,作诸伎乐,及歌咏赞叹,香华供养,乃至劝于一人多人。如是等辈,现在世中及未来世,常得百千鬼神日夜卫护,不令恶事辄①闻其耳,何况亲受诸横?

[注释]

①辄（zhé）：总是，就。

[译文]

"还有，普广，如果有女人厌恶自己的丑陋相、疾病相，只要在地藏菩萨像前，虔诚瞻礼，哪怕只有一顿饭的工夫，这个人在千万劫中，就受生得身体相貌圆满，没有任何缺陷。这个丑女人如果不厌弃女身，在百千万亿劫生中，常常转生为国王之女、王妃，以及宰相、高官、富贵人家之女，而且受生得相貌端正、圆满。这都是因为她诚心瞻礼地藏菩萨才获得如此福报。

"还有，普广，如果有善男子、善女人能在地藏菩萨像前，演奏各种音乐，以及唱诵赞叹地藏菩萨，用香、花供养，乃至于劝一人、多人这样做，这样的人在现世和未来世，常得到百千鬼神日夜护卫，不让恶事之名被他听到，更何况亲自遭受种种横祸？

"复次，普广，未来世中，若有恶人，及恶神恶鬼，见有善男子、善女人，归敬①供养赞叹瞻礼地藏菩萨形像，或妄生讥毁，谤无功德及利益事，或露齿笑，或背面非，或劝人共非，或一人非，或多人非，乃至一念生讥毁者。如是之人，贤劫②千佛灭度，讥毁之报，尚在阿鼻地狱，受极重罪。过是劫已，方受饿鬼。又经千劫，复受畜生。又经千劫，方得人身。纵受人身，贫穷下贱，诸根不具，多被恶业来结其心，不久之间，复堕恶道。是故，普广，讥毁他人供养，尚获此报，何况别生恶见毁灭？

[注释]

①归敬：信奉而归依、尊敬。

②贤劫：佛典中所述之宇宙循环过程中之一阶段。指过去、现在、未来三阶段中之"现在之住劫"而言。依佛典所载，现在大劫有成、住、异、灭四劫，其中住劫有千佛等贤圣出世救度众生，故称贤劫。与之相对应，过去之住劫，称为庄严劫；未来之住劫，称为星宿劫。

[译文]

"还有，普广，在未来世中，如果有恶人、恶神、恶鬼，看见有善男子、善女人归依、尊敬、供养、赞叹、瞻礼地藏菩萨像，就或者错误地进行讥笑、毁谤，诽谤说这些是没有功德和利益的事情，或者当面讥笑，或者背后非议，或者劝告他人共同非议，或者劝告一人非议，或者多人共同非议，乃至于在一念之间产生讥笑毁谤之心。这些恶人、恶神、恶鬼在贤劫的第一千个佛灭度了，他因前面的讥笑、毁谤，还会在阿鼻地狱里受非常重的罪报。过了贤劫后，方能受生为饿鬼。又经过千劫，受生为畜生。再经过千劫，方得转生为人。纵然受生为人，也是贫苦下贱，身体残缺，又被种种恶业缠结心识，不久之后，再次堕入恶道。所以，普广，讥笑、毁谤他人供养地藏菩萨尚且会获得这样的报应，何况自己产生出别的恶念来损毁地藏菩萨呢？

"复次，普广，若未来世，有男子女人，久处床枕，求生求死，了不可得。或夜梦恶鬼，乃及家亲，或游险道，或多魇寐①，共鬼神游。日月岁深，转复尪瘵②，眠中叫苦，惨凄不乐者。此皆是业道论对，未定轻重，或难舍寿，或不得愈。男女俗眼，不辨是事。

但当对诸佛菩萨像前,高声转读③此经一遍。或取病人可爱之物,或衣服、宝贝、庄园、舍宅,对病人前,高声唱言:'我某甲等,为是病人,对经像前,舍诸等物,或供养经像、或造佛菩萨形像、或造塔寺、或然油灯、或施常住。'如是三白病人,遣令闻知。假令诸识分散,至气尽者,乃至一日、二日、三日、四日至七日以来,但高声白,高声读经。是人命终之后,宿殃重罪,至于五无间罪,永得解脱。所受生处,常知宿命。何况善男子、善女人,自书此经,或教人书,或自塑画菩萨形像,乃至教人塑画?所受果报,必获大利。

"是故,普广,若见有人读诵是经,乃至一念赞叹是经,或恭敬者。汝须百千方便,劝是等人,勤心莫退,能得未来、现在千万亿不可思议功德。

[注释]

①魇寐(yǎn mèi):梦中惊叫,或觉得有什么东西压住不能动弹。

②尪瘵(wāng zhài):衰病憔悴。尪,瘦弱。瘵,多指痨病,引申为久病憔悴。

③转读:读诵经文。

[译文]

"还有,普广,如果未来世有男子、女人久卧于病榻,求生不能,求死不得。或者在夜里常梦见恶鬼以及已故的亲人,或者梦见在危险的地方行走,或者在晚间常常梦魇,或者梦见与鬼神共处。日积月累,身体羸弱不堪,睡梦中常常叫苦喊痛,因而凄惨不快乐。这都是他的恶业在地狱里正被讨论,其罪业轻重还没有定论,这就使他一时难以命绝,但其病也无法痊愈。世间男女的俗眼辨别不清缘由。遇到这种情况,只要对着诸佛、菩萨像,高声读诵此经一遍。或者取病人喜爱的物品,或者衣服、珍宝、庄园、宅子等,在病人面前高声说:'我某某人,替这个病人在佛经、佛像前,布施这些物品,或者用来供养佛经、佛像,或者用来塑造地藏菩萨像,或者用来建造佛塔、寺院,或者用来燃灯供佛,或者用来布施寺院。'如此说三遍,让他知道。假如病人的神识已经分散,乃至于已经断气了,还要在死去的一日、二日、三日、四日,一直到第七日,仍然要这样高声告白,大声读经。这个人命终后,他以前的祸殃、重罪,甚至于五无间罪报,都可以永远得到解脱。在以后投生时,他还常常知道自己过去的因果报应情形。更何况善男子、善女人自己书写此经,或者教别人书写,或者自己塑造、绘制地藏菩萨像,乃至于教别人塑造、绘制地藏菩萨像?其所受的果报,一定有很大的利益。

"所以,普广,如果看见有人读诵此经,乃至一念间赞叹此经、恭敬此经,你必须用各种各样的善巧方便,劝说此人精进不息,不要退失心念,则在未来、现在能获得千万亿不可思议功德。

"复次,普广,若未来世诸众生等,或梦或寐,见诸鬼神,乃及诸形,或悲或啼、或愁或叹、或恐或怖。此皆是一生、十生、百生、千生过去父母、男女、弟妹、夫妻、眷属,在于恶趣,未得出离,无处希望福力救拔,当告宿世骨肉,使作方便,愿离恶道。普广,汝以神力,遣是眷属,令对诸佛菩萨像前,志心自读此经,或请人读,其数三遍或七遍。如是恶道眷属,经声毕是遍数,当得解脱,乃至梦寐之中,永不复见。

[译文]

"还有,普广,如果未来世的众生,在睡梦中见到鬼神及其他种种形状的形象,他们或者悲伤、或者啼哭、或者忧愁、或者赞叹、或者恐惧、或者畏怖。这都是自己过去一生、十生、百生、千生的父母、兄弟、姐妹、夫妻、亲属中堕入恶趣者,他们不能解脱,又没有别的人去求告为他们做功德,使他们获得福报从而得到超度,所以他们就来求告自己前世的骨肉,请其广行各种善巧方便,希望借此脱离恶道。普广,你应该以自己的神力,让这些众生对着佛、菩萨像,虔诚地读诵这部经,或者请人读诵,数目为三遍或者七遍。那些堕入恶道的眷属,在读完这些遍数的经书之后,就会从恶道解脱,从此在梦中再也不会见到他们。

"复次,普广,若未来世,有诸下贱等人,或奴或婢,乃至诸不自由之人,觉知宿业,要忏悔者,志心瞻礼地藏菩萨形像,乃至一七日中,念菩萨名,可满万遍。如是等人,尽此报后,千万生中,常生尊贵,更不经三恶道苦。

"复次,普广,若未来世中,阎浮提内,刹利、婆罗门、长者、居士、一切人等,及异姓种族,有新产者,或男或女,七日之中,早与读诵此不思议经典,更为念菩萨名,可满万遍。是新生子,或男或女,宿有殃报,便得解脱,安乐易养,寿命增长。若是承福生者,转增安乐,及与寿命。

[译文]

"还有,普广,如果未来世有人身处下贱,为奴为婢,包括其他失去自由的人,他们觉知到这都是自己以前的业力所致,想要忏悔,可以虔诚地瞻礼地藏菩萨像,在一到七天内,称念地藏菩萨的名号一万遍。这些人在此生之后的千万生中,常常受生到尊贵人家,不会再经历三恶道之苦。

"还有,普广,如果未来世中,在阎浮提之内,刹帝利、婆罗门、长者、居士等一切人等,以及其他异姓种族,如果有孩子出生,无论男女,在出生的前七日之内,尽早为其读诵这部不可思议的经典,同时还称念地藏菩萨的名号满一万遍。这个新生儿,无论男女,便可以从旧世的祸殃报应中解脱,从此平安喜乐,容易养育,寿命也会增加。如果本来就是有福报而受生的,其安乐又会增加,寿命也会增加。

"复次,普广,若未来世众生,于月一日、八日、十四日、十五日、十八日、二十三、二十四、二十八、二十九日乃至三十日,是诸日等,诸罪结集①,定其轻重。南阎浮提众生,举止动念,无不是业,无不是罪,何况恣情杀害、窃盗、邪淫、妄语,百千罪状?能于是十斋日②,对佛菩萨诸贤圣③像前,读是经一遍,东西南北百由旬内,无诸灾难。当此居家,若长若幼,现在未来百千岁中,永离恶趣。能于十斋日每转④一遍,现世令此居家无诸横病,衣食丰溢。

"是故,普广,当知地藏菩萨有如是等不可说百千万亿大威神力利益之事。阎浮众生,于此大士有大因缘。是诸众生,闻菩萨名,见菩萨像,乃至闻是经三字五字,或一偈⑤一句者,现在殊妙安乐,未来之世,百千万生,常得端正,生尊贵家。"

[注释]

①结集:将众多的事物汇总为一个。

②斋日：在家佛教徒于特定之日持八斋戒（不杀、不盗、不淫、不妄语、不饮酒、不眠坐高广大床、不歌舞香饰、不过午食），谨慎身心，反省行为，这是行善事之精进日。

③贤圣：以有漏智修善根的人，称为贤者；起无漏智证见正理的人，名为圣者。大乘、小乘俱云见道（与修道、无学道合称为三道。即指以无漏智现观四谛，见照其理的修行阶位）以上者是圣，见道以前者为贤。

④转：转读，即诵读经典。

⑤偈（jì）：又写成偈陀，意译为讽颂、重颂，或译为偈颂，通常由固定的字数和音节组成，是一种与诗类似的韵文。

[译文]

"还有，普广，未来世的众生在初一、初八、十四日、十五日、十八日、二十三日、二十四日、二十八日、二十九日、三十日这些日子中，其罪业被审察、判定。而南阎浮提的众生所有的举止、心念没有不造业的，没有不是造罪的，更何况肆意杀生害命、盗窃、邪淫、妄语所造下的百千罪业？如果能于十斋日在佛、菩萨等贤圣像前，读此经一遍，就会在自己东西南北一百由旬的范围内，都没有种种灾难。家庭成员无论老幼，在现在、未来的百千年中，永远脱离恶趣。如果能在十斋日中每天读诵一遍《地藏经》，在此世就可以使家人没有横祸、疾病，衣食丰盈。

"所以，普广，应当知道地藏菩萨有如此无法尽说的百千万亿威神之力，可行利益众生之事。阎浮提众生和地藏菩萨有很大的因缘，这些众生听闻地藏菩萨的名号，见到地藏菩萨的像，乃至于听到此经的三个字、五个字，或者一首偈子、一句经文者，现世就可以得到非比寻常的安乐，在未来的百千万生中，常常相貌端严，受生于尊贵人家。"

尔时，普广菩萨闻佛如来称扬赞叹地藏菩萨已，胡跪①合掌，复白佛言："世尊，我久知是大士有如此不可思议神力，及大誓愿力②，为未来众生遣知利益，故问如来，唯然顶受。世尊，当何名此经？使我云何流布？"

佛告普广："此经有三名：一名地藏本愿③，亦名地藏本行④，亦名地藏本誓⑤力经。缘此菩萨，久远劫来，发大重愿，利益众生，是故汝等，依愿流布。"

普广闻已，合掌恭敬，作礼而退。

[注释]

①胡跪：古代僧人跪坐致敬之法。右膝着地，右脚脚趾竖直于地，竖左膝危坐，倦则两膝姿势互换。又称互跪。

②誓愿力：指佛于过去世修行时所发大誓愿之力。佛果位所得的功德力，即全由过去因位的誓愿而成。

③本愿：指因位之誓愿，全称本弘誓愿，又作本誓、宿愿。即佛及菩萨于过去世未成佛果以前为救度众生所发起之誓愿。于因位发愿至今日得其果，故对果位而称本愿。另外，"本"作根本解，虽言菩萨之心广大，誓愿亦无量，唯以此愿为根本，故称"本愿"。

④本行：指成佛以前尚在菩萨位（因位）时之行迹。

⑤本誓：谓菩萨以菩提为目标，开始修行时所立救济众生的誓愿，亦称本愿。

[译文]

这时，普广菩萨听闻如来称扬赞叹地藏菩萨后，右膝着地，合掌，又对佛说："世尊，我很久以前就知道地藏菩萨有如此不可思议的神力以及巨大的誓愿力。我为了未来世的众生能知道地藏菩萨的功德、利益众生之事，故而才请问如来的，当然也会顶受佛语。世尊，应当如何称呼这部经？又应当如何使这部经四处传播、流传后世？"

佛告诉普广菩萨："这部经有三个名称：一名《地藏本愿经》，也称作《地藏本行经》，也称作《地藏本誓力经》。因为这位菩萨从久远劫以来，发下宏大誓愿，利益一切众生，所以你们应当依据地藏菩萨的大愿流通、传布这部经。"

普广菩萨听了，合掌恭敬地向佛行礼，然后退回到自己的座位上。

利益存亡品第七

尔时地藏菩萨摩诃萨白佛言:"世尊,我观是阎浮众生,举心动念,无非是罪。脱①获善利,多退初心。若遇恶缘,念念②增益。是等辈人,如履泥涂,负于重石,渐困渐重,足步深邃。若得遇知识,替与减负,或全与负。是知识有大力故,复相扶助,劝令牢脚。若达平地,须省恶路,无再经历。

[注释]

①脱:如果。

②念念:极其短暂。念是梵语"刹那"的意译。

[译文]

这时,地藏菩萨对佛说:"世尊,我观察这阎浮提众生,起心动念,没有不造罪业的。如果有善行及利益别人的行为,大多很快就退失了初心。如果遇到恶的外缘,恶便会在念念之间增加。这些人好像背了很重的石头,在烂泥路上行走,会觉得所背负的石头越来越重,脚步越陷越深,行走越来越困难。如果遇到善知识帮助,能替他们减轻部分负担,或者替他们除去身上所有的负担。这是因为善知识力量很大,善知识又帮助扶持他们,劝他们走稳。并告诉他们要想到达平地,一定要醒悟这是一条恶道,以后不要再走。

"世尊,习恶众生,从纤毫间,便至无量。是诸众生有如此习,临命终时，父母眷属宜为设福，以资前路。或悬幡盖①，及然油灯。或转读尊经、或供养佛像及诸圣像，乃至念佛菩萨及辟支佛名字，一名一号，历临终人耳根，或闻在本识②。是诸众生所造恶业，计其感果，必堕恶趣，缘是眷属为临终人修此圣因，如是众罪，悉皆消灭。若能更为身死之后，七七日内，广造众善，能使是诸众生永离恶趣，得生人天，受胜妙乐，现在眷属，利益无量。

[注释]

①幡盖：供佛的庄严物。在古印度，幡即具有各种色彩，而在我国隋代，幡的使用已十分盛行。其形状是以三角形的幡头，连接长形的幡身，幡头的下边及幡身的左右都有垂饰。此外，造幡具有降魔、延寿、离苦难等各种福德。古印度部族在举行重要会议时，为了避暑，常利用大树的树荫。在这种场合，部族的长老背对着树干而坐。释尊说法时继承了这种习俗，在诸经典中皆有当时情景的记述。后来，此种习俗变化为用伞盖，而后其又变成王者的象征或者法王释尊的象征。盖的形状大致可分二种：一是柄附于盖内部中央，另一是柄附于外面上部。依现存遗迹所见，印度古代多用前者。

②本识：阿赖耶识的别名，因为阿赖耶识是有为、无为诸法的根本，故名本识。阿赖耶识，又写作阿黎耶识、阿梨耶识，略称赖耶。旧译作无没识，新译作藏识。唯识宗立眼、耳、鼻、舌、身、意、末那、阿赖耶八识，其中，阿赖耶识被认为是诸法的根本，故亦称本识。又以其是诸识中作用最强的，故也称识主。并且，此识为宇宙万事万物的根本，含藏万事万物，使之存而不失，故称藏识。又因其能含藏生长万事万物之种子，故亦称种子识。

[译文]

"世尊,关于作恶的众生,他们的恶从非常细小的一点开始,后来就集聚成无量。这些众生有这样的习性,他们在命终之时,其父母亲眷应该为他们做种种福德之事,使他们得以投生到更好的地方。或者在佛、菩萨像前悬挂幡幢、宝盖,或者在佛、菩萨像前燃灯供佛,或者读诵佛经,或者供养佛像及辟支、罗汉等圣像,乃至于称念佛、菩萨及辟支佛的名号,每一声名号都要使临终之人听见,或者在他们神识还没有散尽之前,印留在其阿赖耶识中。这些众生所造恶业,其果报是必然要堕入恶趣之中,因为他们的眷属在其临终时为他们种下了这些善因,就使得他们的众多罪业全部都消除了。如果能在他们死后的七七四十九天之内,其眷属为他们广做各种善事,就能使这些众生永远脱离恶趣,得以投生到人道和天道,享受种种殊妙的安乐,在世的眷属也会获得无量的利益。

"是故,我今对佛世尊,及天龙八部、人、非人等,劝于阎浮提众生,临终之日,慎勿杀害,及造恶缘,拜祭鬼神,求诸魍魉①。何以故?尔所杀害,乃至拜祭,无纤毫之力利益亡人,但结罪缘,转增深重。假使来世,或现在生,得获圣分②,生人天中,缘是临终被诸眷属造是恶因,亦令是命终人殃累对辩,晚生善处。何况临命终人,在生未曾有少善根③,各据本业,自受恶趣,何忍眷属更为增业?譬如有人从远地来,绝粮三日,所负担物,强过百斤,忽遇邻人,更附少物,以是之故,转复困重。世尊,我观阎浮众生,但能于诸佛教中,乃至善事,一毛一渧,一沙一尘,如是利益,悉皆自得。"

[注释]

①魍魉(wǎng liǎng):鬼神之名,或指吸取山川精气而生的妖怪。

②圣分:善果的缘分。

③善根:此处指善法。善法为获得善果之根本,故也称为善根。

[译文]

"所以,我现在在世尊面前,以及在参加法会的天龙八部、人、非人等面前,劝诫阎浮提众生:在亲属临终之际,千万不要杀生害命以及造下其他种种恶缘,如祭拜鬼神、向魑魅魍魉等鬼怪祈求。为什么呢?因为你的杀生及祭拜鬼神等行为对帮助亡人没有任何作用,反而只是结下恶缘,使其恶业加深。假如亡者在来世或者此生因为广行善事,获得善果的缘分,可以投生到人道或者天道,却因为临终时眷属造下的这些恶业,殃及临终之人,使其不得不到阴司辩论,延迟了其投生善趣的时间。更何况如果临终之人活着的时候,没有做过多少善事,他们根据自己的业行,本来就应受生到恶趣,怎么能忍受眷属另外为他们增加恶业呢?这就譬如有人从遥远的地方跋涉而来,已经三天没有吃东西,而且还背负着超过上百斤的重物。这时,忽然遇到邻居又给他加了一些东西,因为这个缘故,他的负担更重,行动更困难。世尊,我观察阎浮提众生,只要能信受佛法,他所做的善事,即便只有一丝一毫、一沙一尘,其所获得的功德,都是他自己可以得到的。"

说是语时,会中有一长者①,名曰大辩,是长者久证无生②,化度十方,现长者身,合掌恭敬,问地藏菩萨言:"大士,是南阎浮提众生,命终之后,小大眷属,为修功德,乃至设斋,造众善因,是命终人,得大利益及解脱不?"

[注释]

①长者：为家主、居士之意，一般指称富豪或年高德劭者为长者。

②无生：也称"不生"，与涅槃、实相、法性等含义相同，认为一切现象的生灭变化，都是世间众生虚妄分别的产物，其本质在于"无生"，"无生"即"无灭"，这是万物的实相、真如。

[译文]

说这些话的时候，法会中有一位长者名叫大辩，这个长者早已证得涅槃，他为了度化十方众生，显现出长者的形象。他合掌恭敬地问地藏菩萨："大士，这南阎浮提的众生，在命终之后，其家中大大小小的眷属为他做种种功德，包括设斋饭供养十方僧众，造这种种的善业，这个将死之人，能得到大利益以及获得解脱吗？"

地藏答言："长者，我今为未来现在一切众生，承佛威力，略说是事。长者，未来现在诸众生等，临命终日，得闻一佛名、一菩萨名、一辟支佛名，不问有罪无罪，悉得解脱。

"若有男子女人，在生不修善因，多造众罪。命终之后，眷属小大，为造福利一切圣事，七分之中，而乃获一；六分功德，生者自利。以是之故，未来现在善男女等，闻①健自修，分分已获。无常大鬼，不期而到，冥冥游神，未知罪福。七七日内，如痴如聋。或在诸司，辩论业果，审定之后，据业受生。未测之间，千万愁苦，何况堕于诸恶趣等？是命终人，未得受生，在七七日内，念念之间，望诸骨肉眷属，与造福力救拔。过是日后，随业受报。若是罪人，动经千百岁中，无解脱日。若是五无间罪，堕大地狱，千劫万劫，永受众苦。

[注释]

①闻：趁着。

[译文]

地藏菩萨回答道："长者，我今天凭借着佛的威神之力，为未来、现在一切众生大概地说说此事。长者，未来、现在的众生临死之际，听闻一个佛的名号、一个菩萨的名号、一个辟支佛的名号，不管他有没有罪业，都能得到解脱。

"如果有善男子、善女人，在世时不修善因，造下了众多的罪业。他命终之后，其大大小小的眷属为其行善培植福报，这些善事的利益，亡者只能获得七分中的一分，六分利益为活着的人所得。由于这个缘故，未来、现在的善男子、善女人，应该趁着身体强健自己努力修行，所得的功德，每一分都是属于自己的。无常大鬼总是不期而至，在冥冥之中游荡的魂魄，不知道自己的罪业、福报是多少，在死后的四十九天之内，如傻如聋。或者在阴司中辩论自己的业果报应，等被审定之后，依据业力受报。在业报没有被确定下来时，就千愁万苦，更何况要堕入诸恶趣中？所以这些命终之人，在四十九日内，还没有投生，他们时时刻刻，都希望骨肉眷属能为他们做种种功德，使他们能依靠这些福报之力获得救拔。过了四十九天，他们随着自己的业力遭受果报。倘若是有罪业之人，往往经历千百年还解脱无望。如果犯了五无间罪，堕入大地狱中，经千劫万劫，还永远在遭受种种苦楚。

"复次,长者,如是罪业众生,命终之后,眷属骨肉,为修营斋,资助业道。未斋食竟,及营斋之次①,米泔②菜叶,不弃于地。乃至诸食未献佛僧,勿得先食。如有违食及不精勤,是命终人,了不得力。如精勤护净,奉献佛僧,是命终人,七分获一。是故,长者,阎浮众生,若能为其父母乃至眷属,命终之后,设斋供养,志心勤恳。如是之人,存亡获利。"

说是语时,忉利天宫有千万亿那由他阎浮鬼神,悉发无量菩提之心。大辩长者作礼而退。

[注释]

①次:中间。

②米泔(gān):洗米水。

[译文]

"还有,长者,这些有罪业的众生在命终之后,其眷属骨肉为他设斋供养三宝,以此功德帮助亡者消除罪业。在斋饭还没有结束或者斋供中间,淘米水、菜叶等不要随意丢弃。那些斋饭没有供养三宝之前,不能自己先吃。如果自己先吃了,或者办斋时不勤恳认真,这对亡者都不能有所帮助。如果斋供办得认真、干净,以此供养佛、僧,这个亡者就能获得其中的七分之一的功德。所以,长者,阎浮提的众生如果能在父母、亲眷命终之后,为其设斋供养三宝,心意虔敬,态度认真。这样做,可以使亡者和活着的人都得到利益。"

地藏菩萨说这些话时,忉利天宫有千万亿那由他的阎浮提鬼神都发了无量的菩提心。长者大辩向佛行礼,退回到自己的座位上。

阎罗王众赞叹品第八

尔时，铁围山内，有无量鬼王，与阎罗天子，俱诣忉利，来到佛所。所谓恶毒鬼王、多恶鬼王、大净鬼王、白虎鬼王、血虎鬼王、赤虎鬼王、散殃鬼王、飞身鬼王、电光鬼王、狼牙鬼王、千眼鬼王、啖兽鬼王、负石鬼王、主耗鬼王、主祸鬼王、主食鬼王、主财鬼王、主畜鬼王、主禽鬼王、主兽鬼王、主魅鬼王、主产鬼王、主命鬼王、主疾鬼王、主险鬼王、三目鬼王、四目鬼王、五目鬼王、祁利失①王、大祁利失王、祁利叉王、大祁利叉王、阿那吒②王、大阿那吒王。如是等大鬼王，各各与百千诸小鬼王，尽居阎浮提，各有所执，各有所主。是诸鬼王与阎罗天子③，承佛威神，及地藏菩萨摩诃萨力，俱诣忉利，在一面立。

[注释]

①祁利失：意译为火神。

②阿那吒（zhā）：中国人称为哪吒，介于天神与鬼神之间，受四大天王辖制。

③阎罗天子：也称阎王、阎罗王、焰摩罗王、琰摩王等，为地狱的管辖者。又可以译作双王，这是因为此王在地狱中苦乐双受的缘故。另外一种说法是：阎罗系兄妹二人，共为地狱之王，兄治男事，妹治女事，因此称为双王。

[译文]

　　这时，铁围山内有数不清的鬼王和阎罗天子一起都到了忉利天宫，来到了佛说法的地方。这些鬼王是：恶毒鬼王、多恶鬼王、大诤鬼王、白虎鬼王、血虎鬼王、赤虎鬼王、散殃鬼王、飞身鬼王、电光鬼王、狼牙鬼王、千眼鬼王、啖兽鬼王、负石鬼王、主耗鬼王、主祸鬼王、主食鬼王、主财鬼王、主畜鬼王、主禽鬼王、主兽鬼王、主魅鬼王、主产鬼王、主命鬼王、主疾鬼王、主险鬼王、三目鬼王、四目鬼王、五目鬼王、祁利失王、大祁利失王、祁利叉王、大祁利叉王、阿那吒王、大阿那吒王。这些大鬼王各自统领着成百上千的小鬼王，他们都居住在阎浮提，各有自己执掌的事务，各有自己主管的事务。这些鬼王与阎罗天子承蒙佛和地藏菩萨的威神力，都到了忉利天宫，站立在一边。

　　尔时，阎罗天子胡跪合掌，白佛言："世尊，我等今者与诸鬼王，承佛威神，及地藏菩萨摩诃萨力，方得诣此忉利大会，亦是我等获善利故。我今有小疑事，敢问世尊。唯愿世尊慈悲宣说。"

　　佛告阎罗天子："恣汝所问，吾为汝说。"

　　是时，阎罗天子瞻礼世尊，及回视地藏菩萨，而白佛言："世尊，我观地藏菩萨在六道中，百千方便而度罪苦众生，不辞疲倦，是大菩萨有如是不可思议神通之事。然诸众生，获脱罪报，未久之间，又堕恶道。世尊，是地藏菩萨既有如是不可思议神力，云何众生而不依止①善道，永取解脱？唯愿世尊为我解说。"

[注释]

①依止：即依存而止住之意，或以某事物为所依而止住或执着。一般

谓依赖于有力、有德者之处而不离。

[译文]

　　这时,阎罗天子右膝着地并合掌恭敬地对佛说:"世尊,我今天与众位鬼王承蒙佛和地藏菩萨的威神力,才得以来到这个忉利天宫的大法会,这也使我们得到了很大的好处,得到了很大的利益。我现在有一个小疑问想请教世尊,希望世尊能慈悲地为我解说。"

　　佛告诉阎罗天子:"你尽管提出来,我为你解说。"

　　这时,阎罗天子恭敬地瞻礼世尊,并回首看了一下地藏菩萨,接着对佛说:"世尊,我观见地藏菩萨在六道中,用百千种善巧方便度化因罪业而遭受苦报的众生,不辞辛劳,这个大菩萨有如此不可思议的神通力。但是众生从罪报中获得解脱不久后,又堕入恶道。世尊,地藏菩萨既然有如此不可思议的神力,为什么众生不肯回归善道以求得永远的解脱?但愿世尊能为我慈悲解说。"

　　佛告阎罗天子:"南阎浮提众生,其性刚强,难调难伏。是大菩萨于百千劫,头头①救拔如是众生,早令解脱。是罪报人,乃至堕大恶趣②,菩萨以方便力,拔出根本业缘,而遣悟宿世之事。自是③阎浮众生结恶④习重,旋出旋入。劳斯菩萨,久经劫数,而作度脱。

　　"譬如有人,迷失本家,误入险道。其险道中,多诸夜叉,及虎狼师子、蚖蛇蝮蝎⑤。如是迷人,在险道中,须臾⑥之间,即遭诸毒。有一知识,多解大术,善禁是毒,乃及夜叉诸恶毒等。忽逢迷人,欲进险道,而语之言:咄哉⑦!男子,为何事故,而入此路?

有何异术，能制诸毒？是迷路人，忽闻是语，方知险道，即便退步，求出此路。是善知识，提携接手，引出险道，免诸恶毒，至于好道，令得安乐。而语之言：咄哉！迷人，自今已后，勿履是道。此路入者，卒难得出，复损性命。是迷路人，亦生感重。临别之时，知识又言：若见亲知⑧及诸路人，若男若女，言于此路多诸毒恶，丧失性命。无令是众，自取其死。

[注释]

①头头：每桩，每件，每条。此处指一次又一次。

②大恶趣：有两种解释，一是指地狱、饿鬼、畜生三恶道，二是指大地狱。

③自是：犹只是。

④结恶：恶业习气纠结缠绕。

⑤蚖（wán）蛇蝮（fù）蝎：蚖蛇，泛指毒蛇。蝮蝎，蝮蛇与蝎子。

⑥须臾（yú）：表示极短的时间，片刻、刹那。

⑦咄（duō）哉：语气词，表示惊叹、断喝、呵斥等。

⑧亲知：亲戚和知心朋友。

[译文]

佛告诉阎罗天子说："南阎浮提洲的众生，生性十分刚强，难以调伏。所以这位大菩萨在百千劫中，一次又一次地救拔这里的众生，使他们早日得到解脱。对于那些造恶业受苦报的罪人，以及堕入三恶道的众生，地藏菩萨以种种方便法门与神通之力，帮助他们从根本上拔除造恶之因缘，使他们领悟过世的种种恶行。只是这些阎浮提众生造恶的习气太重,所以才出离恶道,又会堕入。这就得辛苦地藏菩萨在长久的劫数中,一直在做救度众生的事情。

"这就比如有人迷失了自己的家园,误入危险的路途。这个路途中,有很多夜叉及虎狼、狮子、毒蛇、蝎子。这个迷路人在此危险的路途中,顷刻之间就会遭受毒害。此时有一位善知识,懂得许多法术,善于禁止这些毒害,包括夜叉等厉害的毒害。善知识骤然看见这个迷路人要走入险道,就对他说:'喂!男子,为什么要走这条路?你有什么奇异的方法可以免除各种毒害?'这个迷路人忽然听到这句话,方知前面是险道,立即后退,希望离开此路。这个善知识便牵着他的手,将其引出险道,使他免受各种毒害,并将其引上正路,使其得到安乐。然后,善知识又对迷路人说:'喂!迷路人,从今以后,不要再走这条道路。进入此路的人,很难走出来,甚至会危及性命。'这个迷路的人非常感激善知识。临别时,善知识又说:'如果你看见亲戚、朋友以及路人,不论男女,都要告诉他们这条路上有很多鬼怪、毒虫、猛兽,容易危害人的性命,不要让这些众生自己妄送了性命。'

"是故地藏菩萨具大慈悲,救拔罪苦众生,生人天中,令受妙乐。是诸罪众,知业道苦,脱得出离,永不再历。如迷路人,误入险道,遇善知识,引接令出,永不复入。逢见他人,复劝莫入。自言因是迷故,得解脱竟,更不复入。若再履践①,犹尚迷误,不觉旧曾所落险道,或致失命,如堕恶趣。地藏菩萨方便力故,使令解脱,生人天中。旋又再入,若业结②重,永处地狱,无解脱时。"

[注释]

①履践:踩踏,走过。

②业结:业障,指能妨碍修行证果的罪业。

[译文]

"所以,地藏菩萨具有大慈大悲的精神,能救拔一切造恶受苦的众生,使他们投生于人道和天道之中,享受种种奇妙的快乐。这些造恶受报的众生,也知道了业道之苦,如果脱离出来,永远不想再经历了。正如那个迷路之人,误入危险的路途,遇到善知识的指引、帮助,使他走出来,再也不会走进去了。而且碰到其他的路人,也劝告不要踏入。他自己说因为迷路的缘故走上了这条路,从中解脱之后,不会再进入了。如果再进去,那就是还在迷失中,没有觉察以前经历的路途的险恶,也许会导致丧命,就如堕入了恶趣中。地藏菩萨用种种方便法门使众生解脱,受生于人道和天道中,他们旋即又堕入地狱,如果恶业深重,就会永远在地狱中,不能解脱了。"

尔时,恶毒鬼王合掌恭敬,白佛言:"世尊,我等诸鬼王,其数无量,在阎浮提,或利益人,或损害人,各各不同。然是业报,使我眷属,游行世界,多恶少善。过人家庭,或城邑聚落,庄园房舍。或有男子女人,修毛发善事,乃至悬一幡一盖,少香少华,供养佛像及菩萨像。或转读尊经,烧香供养一句一偈。我等鬼王,敬礼是人,如过去、现在、未来诸佛。敕诸小鬼,各有大力,及土地分,便令卫护,不令恶事横事、恶病横病,乃至不如意事,近于此舍等处,何况入门?"

佛赞鬼王:"善哉!善哉!汝等及与阎罗,能如是拥护善男女等,吾亦告梵王帝释,令卫护汝。"

[译文]

  这时,恶毒鬼王合掌恭敬地对佛说:"世尊,我们这些鬼王,数量无限,在阎浮提或者利益众生,或者损害众生,各自不同。然而由于自己的业报,使我们游荡于大千世界,恶多善少。我们经过人的家庭、城市乡村、庄园房屋,如有男子、女人即便做极微小的善事,或者悬挂一幡一盖,用少许香和少许的花供养佛像及菩萨像,或者诵读尊贵的佛经,或者烧香供养佛经,哪怕是经中的一句话、一首偈子,我们这些鬼王都会恭敬这个人,就像恭敬过去、现在、未来的诸佛一样。我们也会敕令属下的众多具有较大神力的小鬼以及土地神等,让他们对这些男子、女人加以护卫,不让恶事、横祸、恶病、突发疾病以及种种不如意的事情,靠近他们的房舍,更何况进入他们的家里呢?"

  佛听完后,称赞鬼王说:"善哉!善哉!你们与阎罗王能保护这些善男子、善女人,我也告诉梵王和帝释天,让他们也来保护你们。"

  说是语时,会中有一鬼王,名曰主命,白佛言:"世尊,我本业缘,主阎浮人命,生时死时,我皆主之。在我本愿,甚欲利益。自是众生,不会我意,致令生死俱不得安。

  "何以故?是阎浮提人初生之时,不问男女,或欲生时,但作善事,增益舍宅,自令土地无量欢喜,拥护子母,得大安乐,利益眷属。或已生下,慎勿杀害,取诸鲜味供给产母,及广聚眷属,饮酒食肉,歌乐弦管,能令子母不得安乐。何以故?是产难时,有无数恶鬼及魍魉精魅,欲食腥血。是我早令舍宅土地灵祇,荷护子母,使令安乐,而得利益。如是之人,见安乐故,便合设福,答诸土地。翻为杀害,聚集眷属。以是之故,犯殃自受,子母俱损。

[译文]

　　佛说这句话时,法会中有一个鬼王名叫主命,他对佛说:"世尊,我依据过去的种种因缘行为,现在主管阎浮提人的性命,他们出生时、死亡时都是由我主宰。在我自己本初的誓愿中,我非常愿意利益众生。但由于众生不能领会我的意愿,致使他们的生与死都不能安乐。

　　"为什么呢?阎浮提众生刚出生时,或者将要出生时,不论男孩女孩,家里人都会为其做善事,增加家宅的吉祥之气。这自然会让土地神欢喜,护卫生产的母子,使其得到极大的安乐,对于其眷属也会带来利益。在孩子生下之后,切记不要杀生害命,以种种新鲜的鸡鸭鱼肉等进补产妇。也不要召集亲朋好友一起饮酒吃肉,歌舞奏乐,这都会使母子不得安乐。为什么呢?因为妇女在生产时,就会有无数的恶鬼及魑魅魍魉等,想要吞食产妇的腥血。我早已让舍宅神、土地神等神祇来护卫母子,使他们安乐,得到利益。这些人看见母子安乐,便应该一起修善、做功德,答谢土地神等。但他们反而杀害其他众生,并聚集好友歌舞宴乐,因为这个缘故,自己造下恶业自己受报,还使母子都受到损害。

　　"又阎浮提临命终人,不问善恶,我欲令是命终之人,不落恶道。何况自修善根,增我力故。是阎浮提行善之人,临命终时,亦有百千恶道鬼神,或变作父母,乃至诸眷属,引接亡人,令落恶道,何况本造恶者?

　　"世尊,如是阎浮提男子女人,临命终时,神识昏昧①,不辨善恶,乃至眼耳更无见闻。是诸眷属,当须设大供养,转读尊经,念佛、菩萨名号。如是善缘,能令亡者离诸恶道,诸魔鬼神悉皆退散。世尊,一切众生临命终时,若得闻一佛名,一菩萨名,或大乘经典,一句一偈。我观如是辈人,除五无间杀害之罪,小小恶业,合堕恶趣者,寻即解脱。"

[注释]

①昏昧:失去知觉,昏沉。

[译文]

"阎浮提人在临死时,不管其善恶如何,我都想使他们不堕入恶道。更何况有些人活着的时候还行善修福,那我帮助他们就更容易了。但即使是阎浮提行善之人在临命终时,也会有成百上千恶道中的鬼神,或者变成他们的父母,或者变成他们的眷属,接引这些亡人,让他们堕入恶道,更何况哪些本来就造恶的人?

"世尊,阎浮提的男子、女人在临死之时,精神、意识昏昧,不能辨识善恶,甚至于其眼、耳都失去了见闻的能力。这个时候,他的眷属应该为他设大供养,诵读《地藏菩萨本愿经》,称念佛、菩萨的名号。这些善缘能让亡者脱离恶道,使众多的邪魔鬼神都退散。世尊,一切众生临死之际,如果能听到一位佛的名号、一位菩萨的名号,或者听到大乘经典的一句话、一首偈子,我看这类众生,除了五无间大罪或者杀生之罪,其他造下较小的恶业而应当堕入恶趣的,立即就解脱了。"

佛告主命鬼王:"汝大慈故,能发如是大愿,于生死中,护诸众生。若未来世中,有男子女人,至生死时,汝莫退是愿,总令解脱，永得安乐。"

鬼王白佛言："愿不有虑。我毕是形，念念拥护阎浮众生，生时死时，俱得安乐。但愿诸众生于生死时，信受我语，无不解脱，获大利益。"

尔时，佛告地藏菩萨："是大鬼王主命者，已曾经百千生作大鬼王，于生死中，拥护众生。是大士慈悲愿故，现大鬼身，实非鬼也。却后过一百七十劫，当得成佛，号曰无相如来，劫名安乐，世界名净住，其佛寿命不可计劫。地藏，是大鬼王，其事如是，不可思议，所度人天，亦不可限量。"

[译文]

佛告诉主命鬼王说："你有大慈悲心，所以能发下这样的大愿，在众生生死之际护卫他们。如果未来世中，有男子、女人在生死之际，你不要退失了自己的誓愿，要让一切众生得到解脱，永远得到安乐。"

鬼王对佛说："希望您不要忧虑，我穷尽一生都会念念护卫阎浮提众生，在他们出生或死亡的时候，让他们都得以安乐。但愿这些众生在生死之际，能相信并奉行我说的话，他们就会都得到解脱，获得巨大的利益。"

这时，佛告诉地藏菩萨说："这个主命大鬼王，已经在千百生中做大鬼王了，他在众生生死之际，都加以护持。他是具有慈悲大愿的菩萨，为护卫众生，显现为大鬼王之身，不是真实的鬼。从今天开始，再过一百七十劫，他会成佛，名叫无相如来，其所处之劫名为安乐，所在世界名为净住，无相如来的寿命无法计数。地藏，这个大鬼王的事迹就是这样不可思议，他所度脱的天和人也不可计算。"

称佛名号品第九

尔时,地藏菩萨摩诃萨白佛言:"世尊,我今为未来众生演利益事,于生死中,得大利益,唯愿世尊听我说之。"

佛告地藏菩萨:"汝今欲兴慈悲,救拔一切罪苦六道众生,演不思议事,今正是时,唯当速说。吾即涅槃,使汝早毕是愿,吾亦无忧现在、未来的一切众生。"

地藏菩萨白佛言:"世尊,过去无量阿僧祇劫,有佛出世,号无边身①如来。若有男子女人,闻是佛名,暂生恭敬,即得超越四十劫生死重罪。何况塑画形像,供养赞叹?其人获福无量无边。

"又于过去恒河沙劫,有佛出世,号宝性②如来。若有男子女人,闻是佛名,一弹指顷,发心归依,是人于无上道③,永不退转。

[注释]

①无边身:身量广大,没有边际。

②宝性:如来藏的异名。于众生贪瞋烦恼中,如来藏尚不失真如清净之性,犹如金在粪秽中,不易其性,故称宝性。

③无上道:指佛道。如来所得之道,没有超出其上的,所以称为无上道。

[译文]

这时,地藏菩萨对佛说:"世尊,我现在为未来世的众生讲说使他们获得利益的事情，让他们在生死之际能得到极大的好处。希望世尊能听我讲说。"

佛告诉地藏菩萨说："你想要发起慈悲心，救度六道中一切造恶受苦的众生，讲说不可思议的法门，现在正是时候，你就快快地说吧。我即将涅槃，我想助你快点圆满你的愿力，这样我也就不会再去担忧现在、未来的一切众生了。"

地藏菩萨对佛说："世尊，在过去无数劫前，有一位佛出现在世间，其名号为无边身如来。如果有男子、女人听了这个佛的名号，很短时间内产生恭敬心，就可以从四十劫生死轮回所产生的重罪中超脱出来，更何况雕塑、彩画无边身如来的像，供养、称赞他呢？如果这样做了，此男子、女人获得的福德无量无边。

"又在过去恒河沙数那么多的劫数之前，有一位佛出现在世间，名号为宝性如来。如果有男子、女人听闻这位佛的名号，在短如一弹指的时间内发心归依此如来，这个人就会在修行无上妙道的过程中永远不会退失。

"又于过去，有佛出世，号波头摩胜①如来。若有男子女人，闻是佛名，历于耳根，是人当得千返生于六欲天②中，何况志心称念？

"又于过去，不可说不可说阿僧祇劫，有佛出世，号师子吼如来。若有男子女人，闻是佛名，一念归依，是人得遇无量诸佛，摩顶③授记。

"又于过去，有佛出世，号拘留孙佛④。若有男子女人，闻是佛名，志心瞻礼，或复赞叹，是人于贤劫千佛会中，为大梵王，得授上记。

"又于过去,有佛出世,号毗婆尸⑤。若有男子女人,闻是佛名,永不堕恶道,常生人天,受胜妙乐。

[注释]

①波头摩胜:波头摩,就是红莲花;胜,就是胜过其他的莲花。

②六欲天:欲界包含有六重天,称之为六欲天,即四天王天、忉利天、夜摩天、兜率天、化乐天及他化自在天。此六天之共同特质是仍有欲乐。其中,四天王天、忉利天依须弥山而住,称地居天;其余诸天则住于虚空密云之上,称空居天。

③摩顶:指佛为付嘱大法,以手抚摩弟子之顶,作为预示弟子将来做佛的授记。顶,头顶。

④拘留孙佛:过去七佛之第四佛,现在贤劫千佛之第一佛,又写作拘留秦佛、俱留孙佛、迦罗鸠孙陀佛等。拘留孙,意译为领持、灭累、所应断已断、成就美妙等。

⑤毗婆尸:意译为胜观,是过去七佛中的第一佛。

[译文]

"又在过去,有一位佛出现在世间,名为波头摩胜如来。如果有男子、女人听闻此佛的名号经过自己的耳根,这个人会上千次往返于欲界六重天中,更何况是诚心地称赞念诵其名号呢?

"又在过去说不清楚的劫数前,有一位佛出现在世间,名为师子吼如来。如果有男子、女人听闻此佛的名号,在一念之间归依,这个人就会遇到无数的佛为他摩顶授记,其将来必得成佛。

"又在过去,有一位佛出现在世间,名为拘留孙佛。如果有男子、女人听闻此佛的名号,虔诚地瞻仰、礼敬,或者赞叹此佛的功德,这个人就会在千佛出世的贤劫中，成为大梵王，得到其未来成佛的授记。

"又在过去，有一位佛出现在世间，名为毗婆尸。如果有男子、女人听闻此佛的名号，永远不会堕落到恶道里，常常生在人道或天道，享受最殊胜的妙乐。

"又于过去，无量无数恒河沙劫，有佛出世，号宝胜①如来。若有男子女人，闻是佛名，毕竟不堕恶道，常在天上，受胜妙乐。

"又于过去，有佛出世，号宝相②如来。若有男子女人，闻是佛名，生恭敬心，是人不久得阿罗汉果③。

"又于过去，无量阿僧祇劫，有佛出世，号袈裟幢④如来。若有男子女人，闻是佛名者，超一百大劫生死之罪。

"又于过去，有佛出世，号大通山王⑤如来。若有男子女人，闻是佛名者，是人得遇恒河沙佛广为说法，必成菩提。

"又于过去，有净月佛⑥、山王佛⑦、智胜佛⑧、净名王佛⑨、智成就佛⑩、无上佛⑪、妙声佛⑫、满月佛⑬、月面佛⑭，有如是等不可说佛。

[注释]

①宝胜：胜过世间之宝，乃为出世间之宝。

②宝相：佛的庄严之相。

③阿罗汉果：为声闻四果之一。又译为阿罗诃，略称罗汉。意译为应、应供、杀贼、不生、无学。指断尽三界见、思之惑，断除欲界的一切烦恼，而堪受世间大供养之圣者。此果位通于大、小二乘，然一般皆作狭义之解释，专指小乘佛教中所得之最高果位而言。若广义言之，则泛指

大、小乘佛教中之最高果位。

④袈裟幢：如来宝幢如袈裟（特指色杂），表示佛的庄严。

⑤大通山王：大通，般若。山王，须弥山。

⑥净月佛：一尘不染曰净。此佛随机应现，像水中月，故名净月佛。

⑦山王佛：此佛的功德巍巍，犹如须弥山。

⑧智胜佛：此佛的智慧胜过一切。

⑨净名王佛：此佛因为一切业障断尽，清净自然，故名。

⑩智成就佛：此佛功德的修成，皆因智力的成就。

⑪无上佛：是极尊的名称。佛法即是无上法，若人起信诚敬勤修，即可得到无上果位。

⑫妙声佛：此佛能应机说法，圆妙音声，遍满十方，婉转悦耳。

⑬满月佛：此佛譬如月的圆满具足。

⑭月面佛：此佛的脸清秀圆满，令人一瞻仰，就能生起无限欢喜恭敬。

[译文]

"又在过去，在无数恒河沙劫前，有一位佛出现在世间，名为宝胜如来。如果有男子、女人听闻此佛的名号，永远不会堕入恶道，常常受生在天道，享受最殊胜的妙乐。

"又在过去，有一位佛出现在世间，名为宝相如来。如果有男子、女人听闻此佛的名号，生起恭敬心，此人不久就会证得阿罗汉的果位。

"又在过去，在无量劫前，有一位佛出现在世间，名为袈裟幢如来。如果有男子、女人听闻此佛的名号，可以从一百大劫生死轮回中的罪业中解脱出来。

"又在过去，有一位佛出现在世间，名为大通山王如来。如果有男子、女人听闻此佛的名号，这个人就会遇见恒河沙数那么多的佛为其说法，他必定证得无上菩提。

"又在过去，有净月佛、山王佛、智胜佛、净名王佛、智成就佛、无上佛、妙声佛、满月佛、月面佛等如此说不清数量的佛。

"世尊，现在、未来一切众生，若天若人，若男若女，但念得一佛名号，功德无量，何况多名？是众生等，生时死时，自得大利，终不堕恶道。若有临命终人，家中眷属，乃至一人，为是病人高声念一佛名，是命终人，除五无间罪，余业报等，悉得消灭。是五无间罪，虽至极重，动经亿劫，了不得出，承斯临命终时，他人为其称念佛名，于是罪中，亦渐消灭。何况众生自称自念，获福无量，灭无量罪。"

[译文]

"世尊，现在、未来的一切众生，不论在天上还是在人间，不论男女，只要称念一位佛的名号，就有无量的功德，更何况称念多位佛的名号？这些众生，无论在出生时还是死亡时，自然会得到巨大的利益，永远不会堕入恶道。如果有快要死了的人，其家中的眷属，即便是只有一人为病人高声念一位佛的名号，这个病人除了五无间罪，其他的业报会全部消除。五无间罪虽然很重，犯此罪的众生经过上亿劫还不能解脱，但在命终时承蒙他人为他称念佛的名号，其五无间罪也会渐渐消灭。更何况众生自己赞叹、念诵佛的名号，这可以获得无量的福报，消灭无量的罪报。"

卷 下

校量^①布施功德缘品第十

尔时,地藏菩萨摩诃萨,承佛威神,从座而起,胡跪合掌白佛言:"世尊,我观业道众生,校量布施,有轻有重,有一生受福,有十生受福,有百生、千生受大福利者。是事云何?唯愿世尊,为我说之。"

尔时,佛告地藏菩萨:"吾今于忉利天宫一切众会,说阎浮提布施校量功德轻重,汝当谛听,吾为汝说。"

地藏白佛言:"我疑是事,愿乐欲闻。"

[注释]

①校(jiào)量:比较、衡量事物的多寡。

[译文]

这时,地藏菩萨承蒙佛的威神力加持,从座位上起身,右膝着地并合掌恭敬地对佛说:"世尊,我观察六道中的众生,比较他们做布施的功德,有轻有重:有的在一生中受用其福报,有的在十生中受用其福报,有的在百生、千生中受用其大福报。这究竟是什么缘故呢?希望世尊为我说说。"

这时,佛告诉地藏菩萨说:"我现在在忉利天宫一切法会中的大众之前,讲说阎浮提行布施的情形,比较功德的轻重。你仔细听,我给你说。"

地藏菩萨对佛说:"我对于此事有疑问,很愿意听世尊解说。"

佛告地藏菩萨:"南阎浮提有诸国王、宰辅大臣、大长者、大刹利、大婆罗门等,若遇最下贫穷,乃至癃残喑哑,聋痴无目,如是种种不完具①者。是大国王等,欲布施时,若能具大慈悲下心②含笑,亲手遍布施,或使人施,软言慰喻,是国王等所获福利,如布施百恒河沙佛功德之利。何以故?缘是国王等,于是最贫贱辈及不完具者,发大慈心,是故福利有如此报。百千生中,常得七宝③具足④,何况衣食受用?

"复次,地藏,若未来世,有诸国王,至婆罗门等,遇佛塔寺,或佛形像,乃至菩萨、声闻、辟支佛像,躬自营办,供养布施。是国王等,当得三劫为帝释身,受胜妙乐。若能以此布施福利,回向⑤法界⑥,是大国王等,于十劫中,常为大梵天王。

[注释]

①完具:完全,具备。

②下心:曲意从人。

③七宝:七种珍宝。具体所指各经有所不同,《阿弥陀经》等谓七宝即:赤金、银、琉璃、玻璃、砗磲、珠、码碯。

④具足:具备满足。

⑤回向:此词有"回转趋向"之语义,意思是回转自己所做的功德善根以趋向菩提,或往生净土,或施与众生等。

⑥法界:其义有多种,最主要包含两个方面:一约事,一约理。就事而言,法指的是诸法,界是分界,诸法各有自体,而分界不同故名法界。

所以，此处的法界指宇宙间森罗万象的一切事物。就理而言，法指的是诸法，界是性之义，诸法在外相上虽千差万别，但皆同一性。所以，此处的法界指的是事物的真如理性。经中所说的法界是约事而言，侧重指宇宙间的众生。

[译文]

佛告诉地藏菩萨说："南阎浮提中的国王、宰相大臣、大长者、刹帝利、大婆罗门等，如果遇到最下贱、最贫穷的人，以及驼背、残障、哑聋、呆痴、目盲等六根不完备者，这些国王等要行布施时，如果能以大慈大悲之心，屈尊降贵、面带微笑地亲手一一布施，或者派人行布施，并温言安慰开导，这些国王等人所获的福报，等同于布施了一百条恒河沙数那么多的佛的功德。为什么呢？因为这些国王等人对于最贫贱的以及有残疾的人，能发起慈悲之心，所以他们的福德有如此的果报。在百千个转生的过程中，常常可以七宝具备满足，更何况衣食用具呢？

"另外，地藏，如果未来世有国王至婆罗门等，遇到佛塔、佛寺、佛像，乃至于菩萨像、声闻像、辟支佛像，能亲自置办贡品，供养布施，这些国王等人会在三劫中转生为帝释天，享受殊胜的快乐。如果能以此布施的福德利益回向给法界众生，这些国王等人，在十劫中常常转生为大梵天王。

"复次，地藏，若未来世，有诸国王，至婆罗门等，遇先佛塔庙，或至经像，毁坏破落，乃能发心修补。是国王等，或自营办，或劝他人，乃至百千人等布施结缘。是国王等，百千生中常为转轮王身。如是他人同布施者，百千生中常为小国王身。更能于塔庙前，发回向心。如是国王乃及诸人，尽成佛道。以此果报无量无边。

"复次,地藏,未来世中,有诸国王及婆罗门等,见诸老病,及生产妇女,若一念间具大慈心,布施医药、饮食、卧具,使令安乐。如是福利最不思议,一百劫中常为净居天①主,二百劫中常为六欲天②主,毕竟成佛,永不堕恶道,乃至百千生中,耳不闻苦声。

[注释]

①净居天:指色界十八天中四禅天的最上五天:无烦天、无热天、善现天、善见天、色究竟天,为证得不还果(阿那含)的圣者所生之处,无外道杂居。净居,净业圣人之所居。

②六欲天:欲界的六天:1. 四天王天,有持国、广目、增长、多闻四王。2. 三十三天,帝释天在中央,四方各有八天,故名三十三天。3. 夜摩天,以随时受五欲之乐,故名。4. 兜率天(又译作喜足),于五欲之乐,生喜足之心,故名。5. 化乐天,于五欲之境自乐变化,故名。6. 他化自在天,可以自在地受用由他天所化现而来的欲望对象,故名。欲,食欲、贪欲等。

[译文]

"还有,地藏,如果未来世中,有国王以至于婆罗门等人,遇见过去世佛的塔庙,或者经书佛像,年代久远而毁坏破落,能够发心去修补。这些国王等人,或是自己营造办理,或劝别人去修补,甚至于劝其他百千人等共同布施修补,与佛法结缘。这些国王等人,在百千生转世之中,常常转做转轮圣王。与他同行布施的人,在百千世之中,常转做小国的国王。如果能更进一步在塔庙前,将修补的功德发心回向给法界一切众生,那么,这些国王及一起发心布施者,都可以成就佛道。因为这功德的果报,是无量无边的。

"还有,地藏,未来世中,有国王乃至于婆罗门等人,看见老人、病人以及即将临盆的妇女,如果一念之间生起慈悲心,给他们布施医药、饮食、卧具,让他们得到安乐,这样的福报利益最不可思议,在一百劫中他们常常受生为净居天主,在二百劫中他们常常受生为六欲天主,最后必定成佛,永远不会堕入恶道,甚至于在百生千生中,耳中都听不到痛苦的声音。

"复次,地藏,若未来世中,有诸国王,及婆罗门等,能作如是布施,获福无量。更能回向,不问多少,毕竟成佛,何况释、梵、转轮之报?是故,地藏,普劝众生当如是学。

"复次,地藏,未来世中,若善男子、善女人,于佛法中,种少善根,毛发沙尘等许,所受福利,不可为喻。

"复次,地藏,未来世中,若有善男子、善女人,遇佛形像、菩萨形像、辟支佛形像、转轮王形像,布施供养,得无量福,常在人天,受胜妙乐。若能回向法界,是人福利,不可为喻。

[译文]

"还有,地藏,如果未来世中,有国王以至于婆罗门等人,能做这样的布施,会获得无量的福报。如果能更进一步回向给法界众生,不管功德的多少,最终必定成佛,更何况转生为帝释天、梵天、转轮王的福报呢?所以,地藏,应该广泛地劝说众生学着这样做。

"还有,地藏,未来世中,如果有善男子、善女人在佛法中,种了少许的善根,少到如汗毛、头发、沙粒、灰尘一样,其所受的福报也多得无法言喻了。

"还有,地藏,未来世中,如果有善男子、善女人遇到佛像、菩萨像、辟支佛像、转轮王像时,能够布施供养,就可以得到无数的福报,常常受生于人道、天道中,享受殊胜奇妙的快乐。如果能将自己布施供养的功德回向法界众生,这个人的福报就多得无法言喻了。

"复次,地藏,未来世中,若有善男子、善女人,遇大乘经典,或听闻一偈一句,发殷重心,赞叹恭敬,布施供养。是人获大果报,无量无边。若能回向法界,其福不可为喻。

"复次,地藏,若未来世中,有善男子、善女人,遇佛塔寺、大乘经典新者,布施供养,瞻礼赞叹,恭敬合掌。若遇故者,或毁坏者,修补营理,或独发心,或劝多人同共发心。如是等辈,三十生中,常为诸小国王,檀越①之人,常为轮王,还以善法教化诸小国王。

"复次,地藏,未来世中,若有善男子、善女人,于佛法中所种善根,或布施供养,或修补塔寺,或装理经典,乃至一毛一尘、一沙一渧。如是善事,但能回向法界,是人功德,百千生中,受上妙乐。如但回向自家眷属,或自身利益,如是之果,即三生受乐,舍一得万报。是故,地藏,布施因缘,其事如是。"

[注释]

①檀越:施主。即施与僧众衣食,或出资举行法会等之信众。

[译文]

"还有,地藏,未来世中,如果有善男子、善女人遇到大乘经典,或者只是听闻了其中的一首偈子或者一句经文,能够产生殷切尊重之心,并加以赞叹恭敬、布施供养,这个人所获得的果报,无量无边。如果能将功德回向给法界众生,其福报就多得无法言喻了。

"还有,地藏,未来世中,如果有善男子、善女人遇到新的佛塔、佛寺以及大乘经典,布施供养,瞻礼赞叹,合掌恭敬;如果遇到旧的、毁坏了的佛塔、佛寺以及大乘经典,能修补、整理,或独自发心去做,或者劝更多的人共同发心去做。像这样的人,在三十生的转生中,常常受生为小国的国王。施主则常常受生为转轮王,还能以种种善法教化众多小国的国王。

"还有,地藏,未来世中,如果有善男子、善女人在佛法中,所种的善根,或者所行的布施供养,或者修补佛塔、佛寺,或者装放、整理经典,乃至于行小到一根毛发、一粒灰尘那么小的善事,只要能回向给法界众生,这个人的功德,可以使他在百生、千生之中,享受上等微妙的快乐。若只是回向给自己的亲眷或自身的利益,所得的福报是三生中享受快乐。这便是舍一得万的果报。所以,地藏,布施因缘、果报的情况就是这样的。"

地神护法品第十一

尔时,坚牢地神①白佛言:"世尊,我从昔来,瞻视顶礼无量菩萨摩诃萨,皆是大不可思议神通智慧,广度众生。是地藏菩萨摩诃萨,于诸菩萨誓愿深重。世尊,是地藏菩萨,于阎浮提,有大因缘。如文殊、普贤、观音②、弥勒,亦化百千身形,度于六道,其愿尚有毕竟。是地藏菩萨,教化六道一切众生,所发誓愿劫数,如千百亿恒河沙。

"世尊,我观未来及现在众生,于所住处,于南方清洁之地,以土石竹木,作其龛室,是中能塑画,乃至金银铜铁,作地藏形像,烧香供养,瞻礼赞叹。是人居处,即得十种利益。何等为十?一者土地丰壤③,二者家宅永安,三者先亡生天,四者现存益寿,五者所求遂意,六者无水火灾,七者虚耗辟除④,八者杜绝恶梦,九者出入神护,十者多遇圣因⑤。世尊,未来世中,及现在众生,若能于所住处方面,作如是供养,得如是利益。"

[注释]

①坚牢地神:大地之神,亦称坚牢地祇、坚牢地天,因此神使大地保持坚固,故有此称。他的职责是保护大地及地上一切植物免受灾害。

②观音:观世音的简称,又译作观自在。当众生遭遇困难之时,只要诵念其名号,观世音菩萨即时听其音声,前往拯救,故名。

③丰壤:肥沃。

④辟除：祛除，禳除，驱除。

⑤圣因：好的因缘、殊胜的因缘，特指开悟的因缘、成佛的因缘等。

[译文]

　　这时，坚牢地神对佛说："世尊，我从久远的过去以来，瞻仰顶礼无数的菩萨大菩萨，他们都有大到不可思议的神通和智慧，普度一切众生。而地藏菩萨在众多的菩萨中，誓愿最为深重。世尊，这地藏菩萨和阎浮提有很大的因缘。文殊菩萨、普贤菩萨、观音菩萨、弥勒菩萨也变化出成百上千的身形，普度六道众生，他们的誓愿尚有完成的时候。而地藏菩萨教化六道一切众生，其发愿度化众生的劫数，如千百亿条恒河中的沙数一样。

　　"世尊，我看未来及现在的众生，在自己的住处的南面，找一处清净的地方，用泥土、石头、竹子、木头做一个佛龛，在龛中塑造、彩绘地藏菩萨像，或者用金、银、铜、铁制作地藏菩萨像，并每天烧香供养，瞻礼赞叹，这个人的住处就可以得到十种利益。哪十种呢？一者土地肥沃，二者家宅永远平安，三者家中亡人投生天道，四者家中活着的人可以增加寿数，五者所求都会满足，六者不会遭遇水火之灾，七者避免亏损虚耗，八者恶梦断除，九者出入都有神灵护佑，十者可以遇到殊胜的因缘。世尊，未来世及现在众生，如果能在自己的住处做如此的供养，就可以得到以上这些利益。"

复白佛言："世尊，未来世中，若有善男子、善女人，于所住处，有此经典及菩萨像，是人更能转读经典，供养菩萨。我常日夜以本神力，卫护是人，乃至水火盗贼、大横小横、一切恶事，悉皆消灭。"

佛告坚牢地神："汝大神力，诸神少及。何以故？阎浮土地悉蒙汝护，乃至草木沙石，稻麻竹苇，谷米宝贝，从地而有，皆因汝

力。又常称扬地藏菩萨利益之事。汝之功德及以神通，百千倍于常分地神。若未来世中，有善男子、善女人供养菩萨，及转读是经，但依《地藏本愿经》一事修行者。汝以本神力而拥护之，勿令一切灾害，及不如意事，辄闻于耳，何况令受？非但汝独护是人故，亦有释梵眷属、诸天眷属，拥护是人。何故得如是圣贤拥护？皆由瞻礼地藏形像，及转读是本愿经故，自然毕竟出离苦海，证涅槃乐。以是之故，得大拥护。"

[译文]

　　坚牢地神又对佛说："世尊，未来世中，如果有善男子、善女人在自己的住处，有此经典及菩萨像，这人如果还能诵读此经典，并供养地藏菩萨，我日夜都以自己本有的神力护卫这个人，使水火、盗贼、大小横祸等一切恶事，全部都消除。"

　　佛告诉坚牢地神说："你的神通力量很大，其他的神多不能及。为什么呢？阎浮提的土地都是承蒙你的护卫，包括草木沙石、稻麻竹苇、谷物米粮、玉石珍宝都是从土地中出来的，这都是仰仗你的神力。又因为你常常称扬地藏菩萨利益众生的事迹，你的功德以及神通力，又超过普通地神百倍、千倍。如果未来世中，有善男子、善女人供养地藏菩萨，诵读这部经书，或者专依《地藏菩萨本愿经》修行者，你要以自己本有的神力保护他，不要让一切灾害和不如意的事情被他听到，更何况让他经受？不仅你独自守护这个人，也有帝释天、梵天所统领的诸天神保护此人。为什么会得到这些圣贤的护卫呢？这都是由于瞻礼地藏菩萨像以及诵读《地藏菩萨本愿经》的缘故。由此会自然而然最终出离苦海，证得涅槃之乐。由此缘故，得到众神的护卫。"

见闻利益品第十二

尔时,世尊从顶门上放百千万亿大毫相光①,所谓白毫相光、大白毫相光、瑞毫相光、大瑞毫相光、玉毫相光、大玉毫相光、紫毫相光、大紫毫相光、青毫相光、大青毫相光、碧毫相光、大碧毫相光、红毫相光、大红毫相光、绿毫相光、大绿毫相光、金毫相光、大金毫相光、庆云毫相光、大庆云毫相光、千轮毫光、大千轮毫光、宝轮毫光、大宝轮毫光、日轮毫光、大日轮毫光、月轮毫光、大月轮毫光、宫殿毫光、大宫殿毫光、海云毫光、大海云毫光。于顶门上放如是等毫相光已,出微妙音,告诸大众、天龙八部、人非人等:"听吾今日于忉利天宫,称扬赞叹地藏菩萨于人天中利益等事、不思议事、超圣因事②、证十地事、毕竟不退阿耨多罗三藐三菩提事。"

[注释]

①毫相光:世尊在两眉之间有柔软细泽之白毫,引之则长一寻(或谓初生时长五尺,成道时长一丈五尺),放之则右旋宛转,犹如旋螺,鲜白光净,一似真珠,如日之正中,能放光明,称为白毫光,亦称毫相光。众生若遇其光,可消除业障,身心安乐。毫相,指如来三十二相中之白毫相。

②超圣因事:由凡夫进入菩萨之间修行的事迹。

[译文]

　　这时，世尊从顶门上放出百千万亿大毫相光，所谓白毫相光、大白毫相光、瑞毫相光、大瑞毫相光、玉毫相光、大玉毫相光、紫毫相光、大紫毫相光、青毫相光、大青毫相光、碧毫相光、大碧毫相光、红毫相光、大红毫相光、绿毫相光、大绿毫相光、金毫相光、大金毫相光、庆云毫相光、大庆云毫相光、千轮毫光、大千轮毫光、宝轮毫光、大宝轮毫光、日轮毫光、大日轮毫光、月轮毫光、大月轮毫光、宫殿毫光、大宫殿毫光、海云毫光、大海云毫光。世尊在顶门上放如此种种毫相光之后，发出微妙的声音，告诉众多大众、天龙八部、人、非人等："你们听我今天在忉利天宫称扬赞叹地藏菩萨利益人天的事迹、种种不可思议的事迹、在因地修行的事迹、证入十地果位的事迹以及证得永不退转的无上正等正觉的事迹。"

　　说是语时，会中有一菩萨摩诃萨，名观世音，从座而起，胡跪合掌白佛言："世尊，是地藏菩萨摩诃萨，具大慈悲，怜愍罪苦众生，于千万亿世界，化千万亿身。所有功德及不思议威神之力，我闻世尊，与十方无量诸佛，异口同音，赞叹地藏菩萨云：正使过去、现在、未来诸佛，说其功德，犹不能尽。向者，又蒙世尊普告大众：欲称扬地藏利益等事。唯愿世尊，为现在、未来一切众生，称扬地藏不思议事，令天龙八部瞻礼获福。"

[译文]

　　佛说这些话的时候，法会中有一位菩萨，名号为观世音，他从座位上起身，右膝着地并合掌恭敬地对佛说："世尊，这位地藏菩萨具有大慈悲力，怜悯一切造业受罪的众生，在千万亿世界中，化现千万亿身形救度众生。因地藏菩萨的所有功德以及不可思议的威神之力，我听世尊与十方世界无量无数诸佛，异口同声地赞叹地藏菩萨：假使过去、现在、未来诸佛同时说他的功德，也是说不尽的。刚才，又蒙世尊普告大众：想要称颂赞叹地藏菩萨利益众生的事迹。希望世尊为现在、未来一切众生称扬地藏菩萨种种不可思议的事迹，让天龙八部等一切众生都能瞻仰礼拜地藏菩萨，从而获得大福报。"

佛告观世音菩萨："汝于娑婆世界，有大因缘。若天若龙、若男若女、若神若鬼，乃至六道罪苦众生，闻汝名者、见汝形者、恋慕汝者、赞叹汝者，是诸众生，于无上道，必不退转，常生人天，具受妙乐，因果将熟，遇佛授记。汝今具大慈悲，怜愍众生，及天龙八部，听吾宣说地藏菩萨不思议利益之事。汝当谛听，吾今说之。"

观世音言："唯然，世尊，愿乐欲闻！"

[译文]

佛告诉观世音菩萨说："你和娑婆世界有很大的因缘。无论是天众还是龙部，无论是男还是女，无论是神还是鬼，乃至于六道中的一切造恶受苦的众生，听见你的名号、看见你的形象、恋慕敬仰你、称扬赞叹你者，这些众生对于无上的佛道必定不会退转，常常受生于人道、天道之中，享受种种微妙的快乐，等到因缘成熟了，必定遇到佛给他授记。你现在有大慈大悲之心，怜悯众生以及天龙八部，想听我宣说地藏菩萨种种不可思议的利益众生的事迹。你认真听，我现在就给你说。"

观世音菩萨说："好的，世尊，我非常乐意听！"

佛告观世音菩萨："未来、现在诸世界中，有天人受天福尽，有五衰相①现，或有堕于恶道之者。如是天人，若男若女，当现相时，或见地藏菩萨形像，或闻地藏菩萨名，一瞻一礼。是诸天人，转增天福，受大快乐，永不堕三恶道报。何况见闻菩萨，以诸香华、衣服、饮食、宝贝、璎珞②，布施供养？所获功德福利，无量无边。

"复次，观世音，若未来、现在诸世界中，六道众生，临命终时，得闻地藏菩萨名，一声历耳根者，是诸众生，永不历三恶道苦。何况临命终时，父母眷属，将是命终人舍宅、财物、宝贝、衣服、塑画地藏形像？或使病人未终之时，眼耳见闻，知道眷属将舍宅、宝贝等，为其自身塑画地藏菩萨形像。是人若是业报合受重病者，承斯功德，寻即除愈，寿命增益。是人若是业报命尽，应有一切罪障③、业障④，合堕恶趣者，承斯功德，命终之后，即生人天，受胜妙乐，一切罪障，悉皆消灭。

[**注释**]

①五衰相：诸天将死的时候，出现五种衰相，其中又分为大五衰相和小五衰相。大五衰相指：1. 花冠萎谢：天众带的花冠谢落。2. 衣着尘埃：天众的衣服一直是洁净的，等到他的衣服出现尘土了，就快死了。3. 两腋汗出：天众的身体不出汗，两腋汗出，便是死相出现。4. 身体臭秽：天众的身体充满芬芳，而衰相出现时，身上就有一股臭气。5. 不乐本座：

天众多为禅定相,临死之际,禅定相就没有了。小五衰相指:1. 乐声不起:美妙的声音没有了。2. 声光微暗:身体的光明日渐暗淡。3. 浴水着身:沐浴时水沾在身上。4. 著境不舍:执着于天道殊胜境界。5. 身虚眼瞬:身体非常虚弱,开始不断眨眼。

② 璎珞:又写作缨络。将宝珠、贵重金属等穿线做成的一种装饰品,在印度有贵人将其佩戴于头、胸、颈等部位,以彰显其尊贵的习俗。后来也成为庄严佛像、佛殿等的装饰品。

③ 罪障:依罪业而生的障碍,能障碍诸善。

④ 业障:因众生于身、口、意所造作之恶业能蔽障正道,故称业障。

[译文]

佛告诉观世音菩萨说:"未来、现在诸多世界中,如果有天人享受尽了天的福报,出现五衰相,或者将会堕入恶道。这些天人无论男女,当五衰相显现时,或者看到地藏菩萨的像,或者听到地藏菩萨的名号,即便能一瞻仰、一礼拜,这个天人就会转而增加天福,享受极大的快乐,永远不会遭受堕入三恶道的果报。更何况他见到地藏菩萨的像、听到地藏菩萨的名号后,用香、花、衣服、饮食、珍宝、璎珞等布施供养?这样会获得无量无边的功德。

"还有,观世音,如果未来、现在世界中,六道众生在临命终时,听到了地藏菩萨的名号,即便只有一声被听见,这些众生永远不会经受三恶道之苦。更何况众生在临命终时,父母眷属将其房屋宅舍、财物、珍宝、衣服等布施变卖,用以塑造、彩绘地藏菩萨像呢?或者让病人还没有死的时候,眼见耳闻,知道其眷属要将自己的房屋、珍宝等舍出去为其塑造、彩绘地藏菩萨像,这个人的业报如果只是应该得重病,那么凭借这个功德,很快就可以痊愈,寿命还会增加。这个人如果业报寿命尽了,他本应有的一切罪业使其应该堕入恶趣的，凭借这个功德，在他死后，就升入人道、天道，享受种种殊胜的、美妙的快乐，他的一切罪障，都会消除。

"复次，观世音菩萨，若未来世有男子、女人，或乳哺时，或三岁、五岁、十岁以下，亡失父母，乃及亡失兄弟、姊妹。是人年既长大，思忆父母及诸眷属，不知落在何趣、生何世界、生何天中。是人若能塑画地藏菩萨形像，乃至闻名，一瞻一礼，一日至七日，莫退初心。闻名见形，瞻礼供养，是人眷属，假因业故，堕恶趣者，计当劫数，承斯男女、兄弟、姊妹塑画地藏形像、瞻礼功德，寻即解脱，生人天中，受胜妙乐。是人眷属，如有福力，已生人天，受胜妙乐者，即承斯功德，转增圣因，受无量乐。

"是人更能三七日中，一心瞻礼地藏形像，念其名字，满于万遍，当得菩萨现无边身，具告是人，眷属生界。或于梦中，菩萨现大神力，亲领是人，于诸世界，见诸眷属。更能每日念菩萨名千遍，至于千日，是人当得菩萨遣所在土地鬼神，终身卫护，现世衣食丰溢，无诸疾苦，乃至横事不入其门，何况及身。是人毕竟得菩萨摩顶授记。

[译文]

"还有，观世音菩萨，如果未来世有男子、女人，或者在正被哺乳的婴儿时期，或者在三岁、五岁、十岁以下的童年，父母或兄弟姊妹过世，这个人长大之后，思念父母及其他去世的眷属，不知道他们落入何趣，投生在什么世界里，或者生在哪一个天界。这个人如果能塑造、彩绘地藏菩萨像，或者听到地藏菩萨名号，即使一瞻仰、一礼拜，在一到七天之内，坚持如此，不会退失初心。无论是看见地藏菩萨的像还是听见其名号，能够瞻仰、礼拜、供养，这个人的亲属如果因为业力的缘故，堕入恶趣，遭受无数劫的罪苦，但凭借这个男女、兄弟、姊妹塑造、彩绘地藏菩萨像以及瞻仰、礼拜地藏菩萨的功德，立刻解脱，转生在人道和天道，享受最美妙的快乐。如果他的亲属本来有福报，已经转生在人天中，享受殊胜的欢乐，那么，他们仰承这个功德，转而增加自己的善缘，享受无量的快乐。

"这个人如果能在二十一天之内，至诚地瞻仰、礼拜地藏菩萨像，念诵地藏菩萨的名号满一万遍，就可以感应到地藏菩萨显现无边身形，详细地告知这个人的眷属所生活的世界。或者在梦中，地藏菩萨显现巨大的神力，亲自领着这个人到各个世界中，见到他的眷属。如果还能每天念一千遍地藏菩萨名号，一直念一千日，这个人就会得到地藏菩萨派遣他所在之地的土地和其他鬼神终身护卫，现在世衣食无忧，没有疾病痛苦，甚至于那些意外的横祸都不会入其家门，更别说他自己亲身遭遇了。这个人最终可以得到地藏菩萨摩顶授记。

"复次，观世音菩萨，若未来世有善男子、善女人，欲发广大慈心，救度一切众生者，欲修无上菩提者，欲出离三界①者。是诸人等，见地藏形像，及闻名者，至心归依，或以香华、衣服、宝贝、饮食，供养瞻礼。是善男女等，所愿速成，永无障碍。

"复次，观世音，若未来世，有善男子、善女人，欲求现在、未来百千万亿等愿，百千万亿等事，但当归依、瞻礼、供养、赞叹地藏菩萨形像，如是所愿所求，悉皆成就。复愿地藏菩萨具大慈悲，永拥护我，是人于睡梦中，即得菩萨摩顶授记。

[注释]

①三界：指欲界、色界、无色界，是凡夫生死往来的世界。1. 欲界。是有淫欲与食欲二欲的有情住所。上起六欲天，中间包括人界的四大洲，下至无间地狱，都属于欲界。2. 色界。色为质碍之义，指有形的物质。此界在欲界之上，是离淫欲、食欲二欲的有情住所。但有物质性的身体、宫殿，其相殊胜精妙。色界由禅定的深浅、妙粗分四级，称为四禅天，其中或立十六天，或立十七天，或立十八天。3. 无色界。此界无一色，即无一物质，无身体，亦无宫殿国土，唯以心识住于深妙之禅定中。这一界果报殊胜，在色界之上，总有四天，名为四无色。

[译文]

"还有，观世音菩萨，如果未来世有善男子、善女人想发起大慈悲心救度一切众生者，有想证悟无上菩提者，有想脱离三界生死轮回者，这些人如果看见地藏菩萨像以及听见他的名号，能至诚地归依，或者以香、花、衣服、珍宝、饮食供养地藏菩萨，诚心瞻礼，这些善男子、善女人所希望的就会很快实现，永远没有障碍。

"还有，观世音，如果未来世有善男子、善女人想要求现在世、未来世百千万亿种愿望、百千万亿种事情，只要诚心归依、瞻礼、供养、赞叹地藏菩萨，这样他的愿望和要求都会实现。如果更进一步希望地藏菩萨大慈大悲，永远保护他，这个人在睡梦中，就会得到地藏菩萨摩顶授记。

"复次，观世音菩萨，若未来世，善男子、善女人，于大乘经典，深生珍重，发不思议心，欲读欲诵，纵遇明师教视令熟，旋得旋忘，动经年月，不能读诵。是善男子等，有宿业障，未得消除，故于大乘经典，无读诵性。如是之人，闻地藏菩萨名、见地藏菩萨像，具以本心恭敬陈白，更以香华、衣服、饮食、一切玩具，供养菩萨。以净水一盏，经一日一夜安菩萨前，然后合掌请服，回首向南。临入口时，至心郑重，服水既毕，慎五辛①、酒肉、邪淫、妄语②，及诸杀害，一七日或三七日，是善男子、善女人，于睡梦中，具见地藏菩萨现无边身，于是人处，授灌顶③水。其人梦觉，即获聪明，应是经典，一历耳根，即当永记，更不忘失一句一偈。

[注释]

①五辛：指五种有辛味之蔬菜，又作五荤，与酒、肉同为佛弟子所禁食之物。据《大佛顶首楞严经》卷八记载：此五辛，熟食者发淫，生食者增恚，十方天仙嫌其臭秽，咸皆远离，然诸饿鬼等则舐其唇吻，常与鬼住而福德日销；大力魔王现作佛身为其说法，毁犯禁戒，赞淫怒痴，令人命终为魔眷属，永堕无间地狱，故求菩提者当断世间之五种辛菜。关于五辛，不同的佛典记载并不相同，主要有二说，一说是大蒜、革葱、慈葱、兰葱、兴渠五种，一说是蒜、葱、兴渠、韭、薤五种。

②妄语：特指以欺人为目的而说的虚妄之语。这是佛教十恶之一，妄语戒则是五戒、十戒之一。

③灌顶：即以水灌于头顶，受灌者即获晋升一定地位之仪式。原为古代印度帝王即位及立太子之一种仪式，国师以四大海之水灌其头顶，表示祝福。

[译文]

"还有，观世音菩萨，如果未来世有善男子、善女人，对于大乘经典，心中非常爱重，发下不可思议的心愿，想要读诵。但即使遇到有智慧的上师教导，让他熟习，可刚读过就忘记了，如此经过几个月，甚至几年，还是无法读清楚、诵全面。这是因为这些善男子、善女人以前的业障没有消除，所以对于大乘经典没有读诵的根性。这样的人听见地藏菩萨的名号，看见地藏菩萨的像，发自内心地将自己的心愿恭敬地告诉地藏菩萨，并以香、花、衣服、饮食、一切珍玩器具供养地藏菩萨。同时以一盏洁净的水安放在地藏菩萨像前，经一日一夜，然后合掌恭敬地请求饮掉此盏水，饮水时，面向南方。水临入口时，要心意虔诚，郑重其事，饮水之后，戒五辛、酒肉、邪淫、妄语以及杀生。这样经过七天或者二十一天，这个善男子、善女人在睡梦中，可以看见地藏菩萨显现无边的身形，对其以水灌顶。这个人从梦中醒来以后，就会变得很聪明，所有的大乘经典只要听过一遍，就会永远记住，不会忘掉一句经文、一首偈子。

"复次，观世音菩萨，若未来世，有诸人等，衣食不足，求者乖愿；或多病疾，或多凶衰；家宅不安，眷属分散；或诸横事，多来忤身；睡梦之间，多有惊怖。如是人等，闻地藏名、见地藏形，至心恭敬，念满万遍。是诸不如意事，渐渐消灭，即得安乐、衣食丰溢，乃至于睡梦中，悉皆安乐。

"复次，观世音菩萨，若未来世，有善男子、善女人，或因治生，或因公私，或因生死，或因急事，入山林中，过渡河海，乃及大水，或经险道。是人先当念地藏菩萨名万遍，所过土地、鬼神卫护，行住坐卧，永保安乐。乃至逢于虎狼师子，一切毒害，不能损之。"

佛告观世音菩萨："是地藏菩萨，于阎浮提，有大因缘，若说于诸众生见闻利益等事，百千劫中，说不能尽。是故，观世音，汝以神力流布是经,令娑婆世界众生,百千万劫永受安乐。"

[译文]

"还有,观世音菩萨,如果未来世有这样的人:衣食不足,所希求的多不能实现;或者总是疾病缠身,凶险、耗损不断;或者家宅不宁,眷属四散分离;或者总遭遇横祸,损伤身体;或者睡梦中,常常出现惊怖之境。像这样的人,听见地藏菩萨的名号,看见地藏菩萨的像,能至诚恭敬地念满万遍地藏菩萨的名号,这些诸多不如意的事情,渐渐消失,此人也会得到安乐,衣食丰裕,乃至于在睡梦中也都能得到安乐。

"还有,观世音菩萨,如果未来世有善男子、善女人或者因为外出谋生,或者因为公事、私事,或者因为事关生死之事,或者因为特别急迫的事情,要进入山林中,要渡过河、海,或者要经过有大水的地方,或者要经过危险的道路,这个人应当先念诵地藏菩萨的名号满万遍,这样其所经过的地方,土地神、鬼神都会保护他,行住坐卧间都会平安快乐,以至于碰见虎、狼、狮子及一切有毒害的东西,都不能损伤他。"

佛告诉观世音菩萨说:"这个地藏菩萨和阎浮提众生有极大的因缘。如果要说众生见到地藏菩萨的像、听见地藏菩萨名号的利益,经过百千劫也说不尽。所以,观世音,你应该以自己的神力来流通传播这部经,让娑婆世界的众生在百千万劫中,永远享受平安快乐。"

尔时,世尊而说偈言:
吾观地藏威神力,恒河沙劫说难尽,
见闻瞻礼一念间,利益人天无量事。
若男若女若龙神,报尽应当堕恶道,
至心归依大士身,寿命转增除罪障。

少失父母恩爱者，未知魂神在何趣，
兄弟姊妹及诸亲，生长以来皆不识。
或塑或画大士身，悲恋瞻礼不暂舍，
三七日中念其名，菩萨当现无边体，
示其眷属所生界，纵堕恶趣寻出离，
若能不退是初心，即获摩顶受圣记。
欲修无上菩提者，乃至出离三界苦，
是人既发大悲心，先当瞻礼大士像，
一切诸愿速成就，永无业障能遮止。
有人发心念经典，欲度群迷超彼岸，
虽立是愿不思议，旋读旋忘多废失，
斯人有业障惑故，于大乘经不能记。
供养地藏以香华，衣服饮食诸玩具，
以净水安大士前，一日一夜求服之，
发殷重心慎五辛，酒肉邪淫及妄语，
三七日内勿杀害，至心思念大士名，
即于梦中见无边，觉来便得利根耳，
应是经教历耳闻，千万生中永不忘。
以是大士不思议，能使斯人获此慧。
贫穷众生及疾病，家宅凶衰眷属离，
睡梦之中悉不安，求者乖违无称遂，
至心瞻礼地藏像，一切恶事皆消灭，
至于梦中尽得安，衣食丰饶神鬼护。
欲入山林及渡海，毒恶禽兽及恶人，

恶神恶鬼并恶风，一切诸难诸苦恼。
但当瞻礼及供养，地藏菩萨大士像，
如是山林大海中，应是诸恶皆消灭。
观音至心听吾说，地藏无尽不思议，
百千万劫说不周，广宣大士如是力。
地藏名字人若闻，乃至见像瞻礼者，
香华衣服饮食奉，供养百千受妙乐。
若能以此回法界，毕竟成佛超生死。
是故观音汝当知，普告恒沙诸国土。

[译文]

这时，世尊接着说了一首偈颂：
吾观地藏威神力，恒河沙劫说难尽，
见闻瞻礼一念间，利益人天无量事。
若男若女若龙神，报尽应当堕恶道，
至心归依大士身，寿命转增除罪障。
少失父母恩爱者，未知魂神在何趣，
兄弟姊妹及诸亲，生长以来皆不识。
或塑或画大士身，悲恋瞻礼不暂舍，
三七日中念其名，菩萨当现无边体，
示其眷属所生界，纵堕恶趣寻出离，
若能不退是初心，即获摩顶受圣记。
欲修无上菩提者，乃至出离三界苦，
是人既发大悲心，先当瞻礼大士像，

一切诸愿速成就，永无业障能遮止。
有人发心念经典，欲度群迷超彼岸，
虽立是愿不思议，旋读旋忘多废失，
斯人有业障惑故，于大乘经不能记。
供养地藏以香华，衣服饮食诸玩具，
以净水安大士前，一日一夜求服之，
发殷重心慎五辛，酒肉邪淫及妄语，
三七日内勿杀害，至心思念大士名，
即于梦中见无边，觉来便得利根耳，
应是经教历耳闻，千万生中永不忘。
以是大士不思议，能使斯人获此慧。
贫穷众生及疾病，家宅凶衰眷属离，
睡梦之中悉不安，求者乖违无称遂，
至心瞻礼地藏像，一切恶事皆消灭，
至于梦中尽得安，衣食丰饶神鬼护。
欲入山林及渡海，毒恶禽兽及恶人，
恶神恶鬼并恶风，一切诸难诸苦恼。
但当瞻礼及供养，地藏菩萨大士像，
如是山林大海中，应是诸恶皆消灭。
观音至心听吾说，地藏无尽不思议，
百千万劫说不周，广宣大士如是力。
地藏名字人若闻，乃至见像瞻礼者，
香华衣服饮食奉，供养百千受妙乐。
若能以此回法界，毕竟成佛超生死。
是故观音汝当知，普告恒沙诸国土。

嘱累①人天品第十三

尔时,世尊举金色臂,又摩地藏菩萨摩诃萨顶,而作是言:"地藏!地藏!汝之神力不可思议,汝之慈悲不可思议,汝之智慧不可思议,汝之辩才②不可思议,正使③十方诸佛,赞叹宣说汝之不思议事,千万劫中,不能得尽。地藏!地藏!记吾今日在忉利天中,于百千万亿不可说不可说一切诸佛菩萨、天龙八部大会之中,再以人天诸众生等,未出三界,在火宅④中者,付嘱⑤于汝。无令是诸众生,堕恶趣中一日一夜,何况更落五无间,及阿鼻地狱,动经千万亿劫,无有出期。

"地藏!是南阎浮提众生,志性无定,习恶者多,纵发善心,须臾即退。若遇恶缘,念念增长。以是之故,吾分是形,百千亿化度,随其根性而度脱之。地藏!吾今殷勤⑥以天人众,付嘱于汝。未来之世,若有天人,及善男子、善女人,于佛法中,种少善根,一毛一尘,一沙一渧,汝以道力,拥护是人,渐修无上,勿令退失。

[注释]

①嘱累:指以事嘱托他人而让其承担。嘱,付嘱、付托。累,烦劳荷负。

②辩才:即善巧说法义的才能。佛、菩萨等于多劫中,由口业庄严之功力而具足各种辩才。

③正使:纵使,即使。

④火宅：原意为充满烈火的住宅，佛典中用以比喻烦恼多的众生世间。火喻五浊、八苦，宅喻欲、色、无色三界，三界众生为五浊、八苦所逼迫，烦恼多，不得安稳，犹如屋宅起火燃烧不得安居。

⑤付嘱：又作咐嘱、嘱累，原意为付托、寄托之意，在佛经中，被引申为佛陀受付托弘法布教的使命。

⑥殷勤：此处指情意恳切。

[译文]

　　这时，世尊举起金色的手臂，又摩地藏菩萨的头顶说："地藏！地藏！你的神力不可思议，你的慈悲不可思议，你的智慧不可思议，你的辩才不可思议。即使十方诸佛称赞、宣讲你不可思议的事迹，千万劫的时间也说不尽。地藏！地藏！你要记住我今天在忉利天宫中，在百千万亿说不尽的一切诸佛、菩萨、天龙八部所在的法会中，再次将人、天等众多还没有脱离三界生死轮回、还在火宅中受煎熬的众生托付给你。不要让这些众生堕入恶趣中，即便是一日一夜，更何况落入五无间地狱及阿鼻地狱，经过千万亿劫也不能脱离出来。

　　"地藏！这南阎浮提的众生心志、习性都不确定，作恶者居多，纵使发下善心，很快也就退失了。如果遇到恶缘，恶念在念念之间都会增长。因为这样的缘故，我分身千百亿度化他们，根据众生的根性让其获得解脱。地藏！我今天恳切地将天、人等众生托付给你。未来世中，若有天人、善男子、善女人在佛法中种下很少的善根，即便只有一根毫毛、一粒微尘、一粒沙、一滴水那么多，你都要以你的神通力保护这个人，使他能逐渐修行无上的正道，不要退失了菩提心。

　　"复次，地藏，未来世中，若天若人，随业报应，落在恶趣。

临堕趣中,或至门首,是诸众生,若能念得一佛名,一菩萨名,一句一偈大乘经典。是诸众生,汝以神力,方便救拔,于是人所,现无边身,为碎地狱,遣令生天,受胜妙乐。"

尔时,世尊而说偈言:

现在未来天人众,吾今殷勤付嘱汝,

以大神通方便度,勿令堕在诸恶趣。

尔时,地藏菩萨摩诃萨,胡跪合掌白佛言:"世尊,唯愿世尊不以为虑。未来世中,若有善男子、善女人,于佛法中,一念恭敬,我亦百千方便,度脱是人,于生死中速得解脱。何况闻诸善事,念念修行,自然于无上道,永不退转。"

[译文]

"还有,地藏,未来世中,无论是天是人,如果随着他的业报应该落在恶趣中,在马上要堕入恶趣时,或者已经到了地狱的门前,这些众生如果能称念一位佛的名号、一位菩萨的名号、一句大乘经典的经文或一首偈子,你就应该以自己的神通之力和种种善巧方便救度他们,在他们所在的地方显现无边的身形,替他们把地狱打碎了,让他们受生天道,享受种种殊胜的快乐。"

这时,世尊接着说了一首偈颂:

现在未来天人众,吾今殷勤付嘱汝,

以大神通方便度,勿令堕在诸恶趣。

这时,地藏菩萨右膝着地并合掌恭敬地对佛说:"世尊,请您不要担忧。未来世中,如果有善男子、善女人在佛法中一念生起恭敬心,我会用百千种方便法门去度脱他们,使他们在生死轮回中快速得到解脱。更何况那些听到各种善行便念念不忘修行的人，当然会使他们在修行无上道的过程中，永远不会退转。"

说是语时，会中有一菩萨，名虚空藏①，白佛言："世尊，我自至忉利，闻于如来赞叹地藏菩萨威神势力，不可思议。未来世中，若有善男子、善女人，乃及一切天龙，闻此经典，及地藏名字，或瞻礼形像，得几种福利？唯愿世尊，为未来、现在一切众等，略而说之。"

[注释]

①虚空藏：包藏一切之功德如虚空，故名虚空藏。虚空藏菩萨又称作虚空孕菩萨，此菩萨流出无量之法宝，普施所欲者，利乐一切众生。

[译文]

地藏菩萨说这话时，法会中有一位菩萨名叫虚空藏，他对佛说："世尊，自从我到了忉利天宫，听见如来一直在赞叹地藏菩萨威神之力不可思议。未来世中，若有善男子、善女人以及一切天、龙，有缘听闻这部《地藏菩萨本愿经》及地藏菩萨的名号，或者瞻仰、礼拜地藏菩萨，能得到哪些福报、利益？希望世尊为将来、现在的一切众生大略地讲一讲。"

佛告虚空藏菩萨："谛听！谛听！吾当为汝分别说之。若未来世，有善男子、善女人，见地藏形像，及闻此经，乃至读诵，香华、饮食、衣服、珍宝布施供养，赞叹瞻礼，得二十八种利益：一者天龙护念，二者善果日增，三者集圣上因①，四者菩提不退，五者衣食丰足，六者疾疫不临，七者离水火灾，八者无盗贼厄②，九者人见钦敬，十者神鬼助持，十一者女转男身，十二者为王臣女，十三者端正相好，十四者多生天上，十五者或为帝王，十六者宿智命通③，十七者有求皆从，十八者眷属欢乐，十九者诸横消灭，二十者业道永除，二十一者去处尽通，二十二者夜梦安乐，二十三者先亡离苦，二十四者宿福受生，二十五者诸圣赞叹，二十六者聪明利根，二十七者饶慈愍心，二十八者毕竟成佛。

"复次，虚空藏菩萨，若现在、未来天龙鬼神，闻地藏名，礼地藏形，或闻地藏本愿事行，赞叹瞻礼，得七种利益：一者速超圣地④，二者恶业消灭，三者诸佛护临，四者菩提不退，五者增长本力，六者宿命皆通，七者毕竟成佛。"

[注释]

①圣上因：成佛之因。

②厄：灾难，厄运。

③宿智命通：知道宿世的状况。

④速超圣地：快速完成菩萨十地的修行。圣地，菩萨果位。

[译文]

佛告诉虚空藏菩萨："仔细听！仔细听！我就会给你分别说说。如果未来世有善男子、善女人看见地藏菩萨像以及听闻此经，虔诚地诵读，以香花、饮食、衣服、珍宝布施供养，赞叹、瞻礼地藏菩萨，可以得到二十八种利益：一者得到天龙的护卫，二者善果日日增加，三者积聚解脱的因缘，四者菩提心不会退失，五者衣食丰足，六者各种疾病、瘟疫远离，七者远离水火灾害，八者没有盗贼的灾厄，九者受人钦敬，十者得到神鬼帮助、护持，十一者女子来世可转男身，十二者来世可转生为国王、大臣之女，十三者相貌端正美好，十四者后世多转生于天界，十五者后世多转生为帝王，十六者拥有知道过去世生命状态的神通，十七者有求皆应，十八者眷属欢乐无忧，十九者横祸消失，二十者罪业消除，二十一者无论去何处都很通达顺利，二十二者夜梦吉祥安乐，二十三者故去的父母、祖先等离苦得乐，二十四者依据前世的福报受生，二十五者受到诸佛、菩萨的称扬赞叹，二十六者聪明睿智、六根敏利，二十七者富有慈悲、怜悯之心，二十八者最终必定成佛。

"还有，虚空藏菩萨，如果现在、未来天龙鬼神听闻地藏菩萨的名号，礼敬地藏菩萨像，或者听闻地藏菩萨的本愿、利益众生的事迹，赞叹瞻礼，会得到七种利益：一者迅速地超凡入圣，二者恶业消除，三者诸佛降临护持，四者菩提心不退失，五者本有的神通力增长，六者对过去的生命形态全部了知，七者毕竟成佛。"

尔时，十方一切诸来不可说不可说诸佛如来及大菩萨、天龙八部，闻释迦牟尼佛称扬赞叹地藏菩萨大威神力，不可思议，叹未曾有。是时，忉利天雨无量香华、天衣、珠宝、珠璎，供养释迦牟尼佛，及地藏菩萨已，一切众会，俱复瞻礼，合掌而退。

[译文]

这时，十方世界一切说不尽数量的诸佛及大菩萨、天龙八部等听到释迦牟尼佛称扬赞叹地藏菩萨不可思议的大威神力，都赞叹这是从未有过的。这时，忉利天官如同下雨一般，降下了无量的香、花、天衣、珠宝、璎珞，供养释迦牟尼佛及地藏菩萨。之后，一切集会的大众再次瞻礼释迦牟尼佛和地藏菩萨，合掌而退。

药师琉璃光如来本愿功德经

[唐]玄奘译

前 言

《药师琉璃光如来本愿功德经》简称《药师经》，是大乘佛教的重要经典，是药师信仰的主要依据。从近代开始，《药师经》经过太虚大师、印顺法师的宣讲、注释，逐步受到中国佛教界的重视。与一般大乘经典一样，《药师经》的主要思想也是以拔苦、救难、度脱众生为主，所不同的是，《药师经》关注最多的是现世众生由于疾患、贫困、战争、天灾人祸等带来的痛苦。《药师经》的这一思想主要贯通在这些具体内容中：东方净琉璃世界、药师佛十二大愿、听闻药师如来名号及信奉该经等所得的功德或善果。

一、《药师经》的传译

《药师经》一共有五个译本，也就是说经历了五次翻译（也有学者认为总共有四次翻译，其中慧简的本子只能称为编译）。这五个译本分别是：

1. 东晋西域沙门帛尸梨蜜多罗译《佛说灌顶拔除过罪生死得度经》一卷。此经没有单行本，当时附于《大灌顶神咒经》（《大灌顶经》）后，属于该经的最后一卷。帛尸梨蜜多罗，龟兹人，在西域时已经很有名望，被称为"高座法师"。他于西晋怀帝时（306～311）东来，正碰到永嘉之乱,于是渡江,住在建康建初寺,于东晋元帝时(317~323)译出《大孔雀王神咒经》、《孔雀王杂神咒经》、《大灌顶经》等。

《大灌顶经》十二卷,由十二部小经组成,每一小经的经名之首均冠以"佛说灌顶",全经主要说的是具有不同功能的神咒,因而具有汇编陀罗尼性质。周叔迦认为这部经的译出"初具真言宗的规模"①。由此可见,最初译出的《药师经》是被当成密教典籍看的。

2. 南北朝刘宋鹿野寺比丘慧简译《药师琉璃光经》一卷。按照僧祐的《出三藏记集》卷五记载,此经又名《灌顶拔除过罪生死得度经》,但僧祐同时认为这是慧简"依经抄撰"的,不属于翻译,而且在当时这部经就广为流通,原因是经的后面有"续命法"。《药师琉璃光经》译出于孝武帝大明元年(457),它虽然被僧祐放在"新集疑经伪撰杂录"中,但隋费长房《历代三宝纪》卷十中提到"房勘婆罗门本,今有梵本,神言小异耳",也就是说,费长房以其与他看到的梵本做过对照,略有差别。这个也可以看作慧简翻译的。慧简的生平事迹不详,学术界一般认为其译本今亦不存,但根据近年来对敦煌本《药师经》的研究,也有学者认为敦煌卷子中保留着慧简的译本。②

3. 隋代达摩笈多等人翻译的《药师如来本愿功德经》。这个译本翻译于隋大业十一年(615)。按照序文中的说法,可知,这次重译的原因,是因为慧简的翻译梵汉文辞杂糅,导致诵读者因不甚理解而心生疑惑。按照参与翻译者所书序文可知,这次翻译比较严谨,首先是将开皇和大业年间发现的两个梵文本比对、勘正,然后才开始翻译;翻译的过程中,因为存在慧简译本的前车之鉴,所以对每一句的翻译,都要反复比对原文,揣

---

① 《周叔迦佛学论著集》(上),北京:中华书局1991年,第418页。
② 参阅伍小劼:《敦煌本〈药师经〉研究述评》,《藏外佛教文献》第二编,总第十四辑。

摩、商讨原意，避免失误，这也就是序文中所说的"深鉴前非，方惩后失，故一言出口，必三覆乃书，传度幽旨，差无大过"。

达摩笈多（？~619），印度人，开皇十年（590）游方到瓜州（治今甘肃敦煌西），受请至长安，住在大兴善寺和洛阳上林园的翻经馆，从开皇中叶到大业末年共译出《药师如来本愿经》、《起世因本经》、《金刚般若论》、《菩提资粮论》、《摄大乘论释论》等九部四十六卷经书。

4. 唐代玄奘大师翻译的《药师琉璃光如来本愿功德经》。此经在永徽元年（650）译出，收在《大正藏》第十四册。玄奘大师（602~664）是中国佛教史上著名的翻译家，远赴印度求法十七年，贞观十九年（645）归国后，致力于佛经的翻译工作，所译佛经在名相、文义方面精确异常，对旧译的错讹也多有校正，在中国译经史上开辟了一个新的纪元。

5. 唐朝义净翻译的《药师琉璃光七佛本愿功德经》。义净（635~713），唐齐州（治今山东济南）山庄人。义净年少时即仰慕法显、玄奘西行求法之事。唐高宗咸亨二年（671），义净从广州出发，沿海路前往印度求法，到证圣元年（695）他回到洛阳，开始参与佛经翻译工作。

按照太虚大师在《药师经讲记》中的总结，这五个译本只有义净的《药师琉璃光七佛本愿功德经》与其他的四个译本区别最为明显。义净的译本中，主体除了药师佛，还有其他六佛；除了药师佛的十二大愿，还有其他诸佛所发的大愿。此外，几个译本中咒语的多寡也是极不相同。五个译本中，只有帛尸梨蜜多罗和义净的译本中有咒语，由此，太虚大师总结说："由是观之，初帛尸梨蜜多罗所译有咒，且属于《大灌顶经》之一品，则此经属于密部。自第二、第三、第四，三译观之，既无咒语，复无说咒之文，则此经即近于净土经典。迄至义净之译，前后五咒，则此经又属密部无疑矣。"① 可见，《药师经》的五个译本在性质上有较为明显的区别，《药师经》由此可以被判定为密宗经典或者净土宗经典。

本次注释所用的底本为《药师经》的流通版本，流通版本以玄奘的译本为主，经中的咒语是从义净译本中增入的，在文句之间也掺杂了义净的译本，所以也可以看作玄奘、义净二译本的合订本。

二、《药师经》的主要内容

虽然《药师经》与其他大乘经典一样，其最高目标为证得无上菩提，成就佛道，但与其他大乘经典相比较，《药师经》最突出的特点是具有很强的现世性和人间性。这主要是因为《药师经》的核心内容是医病、消灾、延寿，其目的侧重于拔除现世众生的苦痛。所以，太虚大师在《药师经讲记》的"悬论"部分指出中国寺院大雄宝殿上供养阿弥陀佛、释迦牟尼佛、药师佛的深意就在于：释迦牟尼佛是万法"如如不二之妙体"，而药师佛和阿弥陀佛的法门是依本体生起的妙用，分别代表着济生与度死。药师净琉璃光世界在东方，阿弥陀佛净土佛国则在西方，而"东方位四方之首，居四季之春，生长万物，故资生延寿之事属之。西方位四方之三，居四季之秋，万象萧条，故救死度亡之事属之"。所以，《药师经》的核心是成就现世的众生，成就他们现实的人生。人生最根本的问题不过生死，佛教慈悲精神的终极关怀也应该不离生死问题，《药师经》的关注点就是人生问题，它可以改正唐宋以后中国佛教专重度亡的弊端。《药师经》现世性和人间性的集中展现则在于药师佛的十二大愿。

---

① 太虚法师著：《药师经讲记》，上海：上海古籍出版社2014年，第23~24页。

药师佛的十二大愿的内容可以归并为三个方面：其一，上求佛道。药师佛在行菩萨道时所发的大愿，乃是一切菩萨的最根本志向。而且，药师佛的第一大愿中提到当自己来世成佛，具有三十二相、八十种好时，"令一切有情，如我无异"，具有明显的"生佛平等"的意愿。其二，助众生成就佛道。这其中包括帮助众生克服在修法、行道中出现的一系列偏差与错误，从治病用药的角度讲，这属于治疗心病的"法药"，属于较高层面的医病、医世。其三，消灾延寿，成就众生现世的康乐。这是药师十二大愿中内容最丰富的一部分，包括解众生之困，济众生之贫，医众生之疾。

基于以上的内容，印顺法师对药师十二大愿给予了高度评价，他说："药师法门的重心，在乎十二大愿，与民生主义的精神，非常吻合。我们如能以此而净我身心，建我国家；扩而大之，澄清人类的思想，纠正人类的行为，发展人间的产业等，世界和平的实现，也就有希望了。"①

《药师经》除了具有很强的现世性和人间性之外，作为大乘佛教经典，它同样有出世性的关怀，具有对彼岸世界的热切关注，这集中表现在经中对药师净琉璃世界的描述上。当然，东方的净琉璃世界与西方的极乐净土在总体上并无根本区别，这在经中也明确地指出来了："彼佛土，一向清净，无有女人，亦无恶趣，及苦音声。琉璃为地，金绳界道，城阙、宫阁、轩窗、罗网，皆七宝成。亦如西方极乐世界，功德庄严，等无差别。"所以，净琉璃世界具有一切佛国净土的普遍性，它在《药师经》中的存在是一个标志，标志着《药师经》同样具有超越性，具有超凡入圣的诉求。

十二大愿是药师佛在菩萨道所发的誓愿，是因地之愿，《药师经》的第二大部分就是针对这些誓愿，表达药师是如何持续圆满它、实践它的。

---

① 释印顺著：《药师经讲记》，北京：中华书局2010年，第52~53页。

所以，经文的另外一部分重要内容就是信仰药师佛所带来的利益，或者，换一个角度说，就是药师佛救度众生、利益众生的善巧方便以及慈悲事业。这主要包括听闻药师琉璃光如来的名号所获得的功德利益、持诵《药师经》及药师咒所获得的功德利益等。《药师经》中提到药师法门最为独特的利益在于通过悬挂"续命幡"和燃"长明灯"来延命，以及药师法门具有消弭国难、保护国家安宁，实现国家风调雨顺、五谷丰登的作用，这也是药师法门在民国时深受政界人士支持、传扬的原因。

三、《药师经》的特点

《药师经》的特点总结起来共有三个方面：

1. 世间法与出世间法圆融。首先，从药师十二大愿来看，其中第九大愿为："愿我来世得菩提时，令诸有情，出魔罥网，解脱一切外道缠缚；若堕种种恶见稠林，皆当引摄置于正见，渐令修习诸菩萨行，速证无上正等菩提。"这一大愿的目的是引导众生证得无上菩提，其指向是引导众生完成出世间的终极追求。与此相配属的还有第四大愿中使行邪道的众生全部安住于菩提道，以及第五大愿中使修佛法的众生能护戒、守戒，这两大愿是第九大愿的前提和保证。这三大愿的存在，使得《药师经》的终极落脚点在于完成众生从凡夫到佛的转换。与此同时，药师佛的第一大愿中提到在自己将来成佛获得庄严身相时，众生也能与此无异，这是对众生与佛身、佛心皆一致的出世间诉求。而十二大愿中的其他八大愿则都立足于众生世间的需要，如消灾免难、身心安乐、衣食丰足等，所以，药师法就是让人在生活中了生死，在了生死中生活。其次，除了药师的十二大愿，在药师佛度化众生、利益众生的事业中，药师佛一方面帮助众生"渐次修行诸菩萨行，速得圆满"，另一方面也可以使众生"求长寿得长寿，求富饶得富饶,求官位得官位,求男女得男女"。而世间人天福报的获得,又与信仰药师佛紧密结合。最后,《药师经》除了关注众生的现世利益之外,还通过对众生生死问题的观照,使世间法与出世间法获得了圆满的统一。

2. 显密圆融。第一个译本的《药师经》就附在密宗经典《大灌顶经》之后,且经后附有咒语,彰显了其密教的特征。等到义净译出《药师琉璃光七佛本愿功德经》时,中间共五处有咒语:其一,香积佛所说除业障咒。其二,药师佛所说消灾咒。其三,七佛说咒。其四,执金刚与释梵四天说咒。其五,执金刚说咒。所以,义净所译的《药师琉璃光七佛本愿功德经》属于密教部经典。

不仅如此,《大正藏》中有关药师法门的经典主要集中在密教部,比如,《大正藏》第十九卷密教部收录了八部:《药师琉璃光如来消灾除难念诵仪轨》(唐·一行撰)、《药师如来观行仪轨法》(唐·金刚智译)、《药师如来念诵仪轨》(唐·不空译)、《药师琉璃光王七佛本愿功德经念诵仪轨》(元·沙啰巴译)、《药师琉璃光王七佛本愿功德经念诵仪轨供养法》(元·沙啰巴译)、《药师七佛供养仪轨如意王经》(清·工布查布译)、《修药师仪轨布坛法》(清·阿旺扎什补译)、《净琉璃净土摽》(佚名)。这八部的译者中,一行、金刚智、不空属于唐代密宗的重要代表人物,沙啰巴、工布查布、阿旺扎什都属于藏传佛教中著名的译师和高僧。因为这样的原因,药师法门的修法有两种:一种是将《药师经》当作净土宗的经典,药师法门的修法与一般净土法门的精神主旨是一样的。一种是密教的修法,比如南怀瑾在《药师经的济世观》中,对《药师经》的讲法就是密宗的讲法,其中包括对手结印契、加入藏密的解释等详细叙述。

四、释经名

《药师琉璃光如来本愿功德经》，由唐代三藏法师玄奘奉诏译。具体注释如下：

药师：梵文"鞞杀社窭噜"的意译，即大医王。在本经中，药不仅指治身体之病的药物，也指医治心病的法药。　琉璃光：梵音为"薜琉璃钵喇婆喝啰阇也"。琉璃，即薜琉璃，是东方佛的名字。此中所说的"琉璃"，不是琉璃灯、琉璃瓦等之"琉璃"，而是一种宝物。薜琉璃，其意为青色宝，即宝石中的蔚蓝色者。如天青之色，有晶莹之质，表里洞彻，内外相映。琉璃光，即天青宝中所含的净光，如蔚蓝天空，万里无云，充满旭日光辉。其体质坚固，如金刚石，极为稀有。这是以琉璃宝的光辉、明净，而比喻佛法。琉璃光主要指佛自己的觉悟境界，佛的真如之智契合万法的真如之理，在平等一法界中，显发无边光明清净功德，朗耀皎洁，平等无差别，故以"琉璃光"比喻佛的自证境界。　如来：音译为多陀阿伽陀等，为佛十号之一。如，即真如。"如来"有三个层面的意思，即如来、如解、如说。1. 如来。如是一模一样，没有差别的意思。菩萨到了功行圆满时，以最高的智慧，体证了究竟的真理，此真理就是如。佛契合此平等不二真如而来，所以叫作如来。2. 如解。佛有无上的智慧，对世间、出世间的一切法相都能正确通达，毫无颠倒错乱，如法的实相而解悟，是名如解。3. 如说。佛不仅解悟正确，就是说法也如实而说，故经里称佛为实语者、如语者、不诳语者、不异语者。如来、如解、如说，是佛所有的功德，译者因不能遍译三义，所以都译为如来。　本愿：愿，即希求、愿望。本愿，指"因位"（未到佛果之前的修行位）的誓愿，即佛及菩萨于过去世未成佛果以前为救度众生所发起的誓愿。　功德：功能、福德，也就是善行所获的果报。　　经：音译为修多罗、素怛缆，直译为织纵线，一般译为契经等。经有两层意思：一是三藏之一，对于律及论而言，即佛所说的教法。二是十二部经之一，指佛经中的长行，即散文。

经 文

如是我闻①：一时薄伽梵②游化诸国，至广严城③，住乐音树④下。与大苾刍⑤众八千人俱，菩萨⑥摩诃萨⑦三万六千，及国王、大臣、婆罗门⑧、居士⑨、天龙八部⑩、人非人⑪等，无量大众，恭敬围绕，而为说法。

[注释]

①如是我闻：又作我闻如是、闻如是，佛经固定的开篇用语。此句的意思是说：这部经所讲的内容，是我亲自从佛那里听到的。"如是"的解释很多，最基础的解释就是"如是"二字是指法词，指经中所讲的内容。我，指阿难，或者泛指经藏的结集者，阿难在佛弟子中以"多闻第一"著称。

②薄伽梵：又写作婆伽婆、婆伽梵，佛陀的十大尊号之一，意译为世尊、有德、能破等，即有德而被世间所尊重。在古印度用于有德之神或圣者之敬称，具有自在、正义、离欲、吉祥、名称、解脱等六义。

③广严城：是梵语"毗舍离"的意译，是古印度六大都城之一。因国土广阔，故称为"广"，因风景优美、物产丰富，故称为"严"。据考证，毗舍离城在今天恒河以北巴特那地方。

④乐音树：指世尊说法的树林。世尊说法时，微风吹过树叶，发出种种优美的声音，犹如音乐，故称乐音树。

⑤苾刍（bì chú）：又译为比丘、备刍。意译为乞士、除士、薰士、

破烦恼、除馑、怖魔等。比丘是佛教教团五众之一，七众之一。指出家修道后受具足戒的男子。苾刍不营生计，全部依赖乞食而清净活命，故称乞士。比丘断除六情之饥，断贪欲染，而以善法薰修，故称除士、除馑、薰士。比丘修善道而破除烦恼，故称破烦恼。比丘尽形寿受持清净戒律，故又称净持戒。比丘必定入涅槃，使魔畏怖，故称怖魔。

⑥菩萨："菩提萨埵"的简称，意译为道众生、觉有情、大觉有情等，指发大心为众生求无上道的人。

⑦摩诃萨："摩诃萨埵"的简称，即大有情、大众生。此类大众生愿大、行大、度众生大，在世间诸众生中为最上，且不退其大心，故称摩诃萨埵。

⑧婆罗门：印度四大种姓中的第一种姓，意译为净行、梵行、梵志，即奉持大梵天的僧侣阶层。他们自认为是梵天的后代，掌管祭祀，为他人教授婆罗门教的经典——《吠陀》。《长阿含经》卷十五记载，种德婆罗门曾说婆罗门成就五法，谓生为此阶级者，具有五项条件：一者婆罗门七世以来父母真正（种姓纯正），不为他人轻毁。二者学习《吠陀》，讽诵通利，种种经书尽能分别，世典幽微靡不综练。又能善于大人相法、明察吉凶、祭祀仪礼。三者颜貌端正。四者持戒具足。五者智慧通达。

⑨居士：长者、家主、家长之义。其一，指印度第三种姓吠舍中的富豪；其二，指居家修行的有道之人。中国所说的居士多指后者。

⑩天龙八部：又称八部众，为佛教中的护法神，因以诸天和龙为上首，故称天龙八部，包括天众、龙众、夜叉、乾闼婆、阿修罗、迦楼罗、紧那罗、摩睺罗迦。

⑪人非人：人与非人的合称。非人，指天龙八部等。

[译文]

　　这部经典是我亲自听佛陀这样说的：某个时候，佛游行教化于诸国，来到了广严城,住在乐音树下。当时有八千名大比丘、三万六千名大菩萨以及国王、大臣、婆罗门、居士、天龙八部、人、非人等无量众生,恭敬地围绕在佛陀的周围,听佛陀讲法。

尔时,曼殊室利法王子①,承佛②威神③,从座而起,偏袒一肩,右膝着地,向薄伽梵,曲躬合掌,白言:"世尊!惟愿演说如是相类④诸佛名号,及本大愿殊胜⑤功德,令诸闻者业障⑥消除,为欲利乐像法转时⑦诸有情⑧故。"

[注释]

①曼殊室利法王子:是"文殊师利"的异译,意译为妙吉祥。曼殊,美妙、妙。室利,吉祥。法王子,文殊菩萨的尊称,因为其智慧、德才超群,居众菩萨之首,且菩萨将来都要继承佛的事业,所以称为法王子。曼殊室利法王子即文殊菩萨,此乃中国佛教中著名的四大菩萨之一,乘坐狮子,以五台山为应化道场。

②佛:又称佛陀、浮屠、浮图等,意译为觉者、智者、觉,指具足自觉、觉他、觉行圆满,如实知见一切法的性相,成就无上觉悟的大圣者。

③威神:指佛、菩萨为凡夫之智所无法测知、不可思议的德行。威,即威德,对外能令人敬畏。神,即神力,对内难以测度。

④如是相类:与这个相类似的,指佛在其他经典里所说过的诸佛的名号、大愿、功德等。

⑤殊胜:特别优异、卓越、稀少。

⑥业障:恶业所生的障碍。众生于身、口、意所造作之恶业能蔽障正道,故称业障。

⑦像法转时:即像法运行时期。像,相似,即此时的佛法与正法相

似。佛教的发展被分为正法、像法、末法三个时期,关于其时间的认定有分歧。

⑧有情:梵语音译为萨埵,意译为众生等,泛称具有感情、意识的一切生类。

[译文]

这个时候,文殊师利菩萨仰承佛的威神力的加持,从自己的座位上站起来,露出一肩,右膝跪在地上,面对着佛陀鞠躬,然后双手合十对佛说道:"世尊!希望您能告诉我们与此相类似的其他诸佛的名号,以及他在因地修行时发的大愿和修行功德等,使听闻者能消除业障,使像法时期的众生能够得到利乐,从中受益。"

尔时,世尊赞曼殊室利童子言:"善哉!善哉!曼殊室利!汝以大悲,劝请我说诸佛名号,本愿功德,为拔业障所缠有情,利益安乐像法转时诸有情故。汝今谛听①,极善思惟,当为汝说。"

曼殊室利言:"唯然!愿说,我等乐闻。"

佛告曼殊室利:"东方去此过十殑伽沙②等佛土,有世界名净琉璃,佛号药师琉璃光如来、应③、正等觉④、明行圆满⑤、善逝⑥、世间解⑦、无上士⑧调御丈夫⑨、天人师⑩、佛、薄伽梵。曼殊室利!彼佛世尊药师琉璃光如来,本行⑪菩萨道时,发十二大愿,令诸有情,所求皆得。"

[注释]

①谛听:从心中明白地听闻,仔细聆听。

②殑（jìng）伽沙："恒河沙"的异译。恒河中的沙子又细又多，故佛在说法时讲到数量极多时，往往以恒河沙作比喻。

③应：也写作应供，梵语"阿罗诃"的意译，作为佛号之一，指佛功德圆满，应受天人供养。

④正等觉：也写作正遍知，即"三藐三菩提"的意译，意思是真正普遍平等地证悟觉知一切诸法实相。

⑤明行圆满：佛在明、行两个方面已经达到圆满。明，智慧。行，布施等修行实践。

⑥善逝：与小乘圣者的自度、自涅槃相比，佛不离众生而入涅槃，故曰善逝。善，好、妙。逝，即去，入于涅槃。

⑦世间解：对世间的实相、因果、生灭等都能明了、通达。

⑧无上士：佛为天人导师，其智慧福德已经无人能超越其上，故称无上士。

⑨调御丈夫：佛对于一切众生，无论其根性习气如何，都能调伏训练其心向法。

⑩天人师：天人的导师。

⑪本行：指成佛以前尚在菩萨位（因位）时的修行、事迹。

[译文]

这个时候，世尊赞叹文殊师利菩萨说："好啊！好啊！曼殊室利！你以自己的大悲心劝请我讲说诸佛名号以及他们在因位的誓愿和修行功德，目的是为了要救度那些受业障缠缚的众生，以及使像法时期的众生获得安乐。你现在认真地听，善巧地思维，我将为你讲说。"

文殊师利菩萨说："好的！请您宣说，我等乐于听闻。"

佛告诉曼殊室利菩萨说："从这个世界往东去，经过十个恒河沙数的佛土，有一个佛国世界名叫净琉璃，此佛国的佛名为药师琉璃光如来、应、正等觉、明行圆满、善逝、世间解、无上士调御丈夫、天人师、佛、薄伽梵。文殊师利！这位药师琉璃光如来在行菩萨道时（成佛之前），发下十二大愿，使一切众生所求都能实现。"

第一大愿：愿我来世得阿耨多罗三藐三菩提①时，自身光明，炽然照耀无量无数无边世界②，以三十二大丈夫相③、八十随形好④，庄严⑤其身。令一切有情，如我无异。

第二大愿：愿我来世得菩提⑥时，身如琉璃，内外明彻，净无瑕秽，光明广大，功德巍巍，身善安住，焰网庄严，过于日月；幽冥⑦众生，悉蒙开晓，随意所趣，作诸事业。

[注释]

①阿耨（nòu）多罗三藐（miǎo）三菩提：意译为无上正等正觉等，意为真正平等的觉知一切真理的无上智慧。阿耨多罗，无上。三藐三菩提，正等觉、正遍知。

②世界：即于时间上有过去、现在、未来三世之迁流，空间上指东、西、南、北、上、下等定位场所，也指众生居住之所依处，如山川、国土等。世，即迁流。界，指方位。

③三十二大丈夫相：印度公认的男子殊胜之相，是最高贵、最庄严的福德相，只有佛和转轮王才具足。这三十二相在不同的经本中名目略有差异，据《大智度论》第四卷，主要包括：1. 足下安平立相。即足底平直柔软，安住密着地面之相。2. 足下两轮相。又作千辐轮相。即足心现一千辐轮宝之肉纹相。3. 长指相。即两手、两足皆纤长端直之相。4. 足跟

广平相。即足踵圆满广平，这是由持戒、闻法、勤修行业而得之网相。5. 即手的指缦网相。即手的指与指间、足的趾与趾间有缦网交互连络如鹅鸭者。6. 手足柔软相。7. 足趺高满相。即足背高起圆满之相。8. 腨骨如鹿王相。即腨骨如鹿王腿骨一般纤圆。9. 正立手摩膝相。即立正时，两手垂下，长可越膝。10. 阴马藏相。即男根密隐于体内如马阴（或象阴）之相。11. 身广长等相。即身体上下左右都很对称之相。12. 毛上向相。即佛一切发毛，由头至足皆右旋之相。13. 一孔一毛生相。即一孔各生一毛，其毛青琉璃色，一一毛孔皆出微妙香气之相。14. 金色相。即佛身及手足悉为真金色之相。15. 丈光相。即佛身放光明，四面各一丈之相。16. 细薄皮相。即皮肤细薄、润泽，一切尘垢不染之相。17. 七处隆满相。指两手、两足、两肩、脖颈等七处之肉皆隆满、柔软之相。18. 两腋下隆满相。即佛两腋下之骨肉圆满不虚之相。19. 上身如师子相。即佛的上半身广大，行住坐卧威容端严，一如狮子王之相。20. 大直身相。即于一切人中，佛身最大而直之相。21. 肩圆好相。即两肩圆满丰腴、殊胜微妙之相。22. 四十齿相。即佛具有四十齿，一一皆齐等、平满如白雪之相。23. 齿齐相。即诸齿皆不粗不细，齿间密接而不容一毫之相。24. 牙白相。又作四牙白净相。即上下亦各有二齿，其色鲜白光洁之相。25. 师子颊相。即两颊隆满如狮子颊之相。26. 味中得上味相。即佛之咽喉中，常有津液，凡食物因之得上味之相。27. 广长舌相。即舌广而长，柔软细薄，伸之则覆面而至于发际。28. 梵声相。即佛之音声清净而远闻之相。29. 真青眼相。即佛眼绀青，如青莲花之相。30. 牛眼睫相。即睫毛整齐而不杂乱如牛王睫毛之相。31. 顶髻相。即顶上有肉，隆起如髻形之相。32. 白毫相。即两眉之间有白毫，右旋常放光之相。

④八十随形好：又称八十随好，指八十种微细隐秘的美好形体特征。随形，指随三十二相出现的相状。佛、菩萨之身所具有的殊胜容貌形相

中，显而易见者有三十二种，称为三十二相；微细隐密难见者有八十种，称为八十种好。两者亦合称相好。转轮圣王也能具足三十二相，而八十种好则只有佛、菩萨始能具足。据《大般若经》第三百八十一卷记载，八十种好指：1. 指爪狭长，薄润光洁。2. 手足之指圆而纤长，柔软。3. 手足各等无差，诸指间皆充密。4. 手足光泽红润。5. 筋骨隐而不现。6. 两踝俱隐。7. 行步直进，威仪和穆如龙、象王。8. 行步威容齐肃如师子王。9. 行步安平，犹如牛王。10. 进止仪雅，宛如鹅王。11. 回顾必皆右旋，如龙、象王之举身随转。12. 肢节均匀圆妙。13. 骨节交结，犹若龙盘。14. 膝轮圆满。15. 隐处之纹，妙好清净。16. 身肢润滑洁净。17. 身容敦肃无畏。18. 身肢健壮。19. 身体安康圆满。20. 身相犹如仙王，周匝端严光净。21. 身之周匝，圆光恒自照耀。22. 腹形方正、庄严。23. 脐深右旋。24. 脐厚不凹不凸。25. 皮肤无疥癣。26. 手掌柔软，足下安平。27. 手纹深长明直。28. 唇色光润丹晖。29. 面门不长不短，不大不小，如量端严。30. 舌相软薄广长。31. 声音威远清澈。32. 音韵美妙，如深谷响。33. 鼻高且直，其孔不现。34. 齿方整鲜白。35. 牙圆白，光洁锋利。36. 眼净，青白分明。37. 眼相修广。38. 眼睫齐整稠密。39. 双眉长而细软。40. 双眉呈绀琉璃色。41. 眉高显，形如初月。42. 耳厚，广大修长，轮埵成就。43. 两耳齐平，离众过失。44. 容仪令见者皆生爱敬。45. 额广平正。46. 身威严俱足。47. 发修长绀青，密而不白。48. 发香洁细润。49. 发齐不交杂。50. 发不断落。51. 发光滑殊妙，尘垢不著。52. 身体坚固充实。53. 身体长大端直。54. 诸窍清净圆好。55. 身力殊胜，无与等者。56. 身相众所乐观。57. 面如秋满月。58. 颜貌舒泰。59. 面貌光泽，无有颦蹙。60. 身皮清净无垢，常无臭秽。61. 诸毛孔常出妙香。62. 面门常出最上蔬菜、殊胜香。63. 相周圆妙好。64. 身毛绀青光净。65. 法音随众，应理无差。66. 顶相无能见者。67. 手足指网分明。68. 行时其足离地。69. 自持不待他卫。70. 威德摄一切。71. 音声不卑不亢，随众生意。72. 随诸有情，乐为说法。73. 一音演说正法，随有情类各令得解。74. 说法依次第，循因缘。75. 观有情，赞善毁恶而无爱憎。76. 所为先观后作，具足轨范。77. 相好，有情无能尽观。78. 顶骨坚实圆满。79. 颜容常少不老。80. 手足及胸臆前，俱有吉祥喜旋德相（即卍字）。

⑤庄严：装饰、排列，即布列众宝、各色鲜花、宝盖、幢幡、璎珞等物品，以装饰严净道场或国土。这里指装饰身体。

⑥菩提：旧译为道，新译为觉，指开悟的智慧。

⑦幽冥：幽暗无光的地狱。

[译文]

第一大愿：愿我来世证得无上正等正觉时，自身放出的大光明，如火焰一般照亮无量、无边世界，再以三十二相、八十种随好庄严我的身相。并让一切众生和我一样同证无上菩提，同具光明相好之身。

第二大愿：愿我来世证得无上正等正觉时，身体就像琉璃一样，内外明彻，纯净无瑕，而且光明广大，具足无量功德，又善于安然凝住不动，佛身的光明炽盛，光光相照，形成光焰之网，其光明超过日月；地狱众生蒙此身光照耀，可以心开意解，除去愚痴，随着自己的意趣，做种种乐意做的事业。

第三大愿：愿我来世得菩提时，以无量无边智慧①方便②，令诸有情，皆得无尽所受用物③，莫令众生有所乏少。

第四大愿：愿我来世得菩提时，若诸有情行邪道者，悉令安住菩提道④中；若行声闻⑤、独觉乘⑥者，皆以大乘⑦而安立之。

[注释]

①智慧：常专指般若波罗蜜，这是心的作用，可照见万法的空性。决断曰智，简择（选择）曰慧；了知俗谛曰智，观照真谛曰慧。

②方便：音译为沤波耶，十波罗蜜之一，又作善权、变谋。指巧妙地接近、安排等。

③受用物：接受享用的物品。

④菩提道：修持正觉的途径、道路。

⑤声闻：听佛音身的教化而修行悟道者。

⑥独觉乘：也作缘觉、辟支佛，指独居，依自己的努力观十二因缘而成佛者。声闻与独觉乘都属于小乘行者。

⑦大乘：音译为摩诃衍那、摩诃衍，又作上乘、胜乘、第一乘等，为"小乘"的相反词。乘，即交通工具，此喻能将众生从烦恼之此岸载至觉悟之彼岸之教法。大乘，即菩萨的法门，以救世利他为宗旨，最高的果位是佛果。

[译文]

第三大愿：愿我来世证得无上正等正觉时，能用无数无边的智慧与方便，让一切众生都能得到所有他们需要的东西，不让众生贫穷，资产匮乏。

第四大愿：愿我来世证得无上正等正觉时，如果有众生修行邪道，我会使他们全部舍邪归正，身心安定于修行正道中；若有修行声闻、独觉乘者，我使他们转小向大，依傍大乘教法而修行。

第五大愿：愿我来世得菩提时，若有无量无边有情，于我法中

修行梵行①，一切皆令得不缺戒②，具三聚戒③。设有毁犯，闻我名已，还得清净，不堕恶趣④。

[注释]

①梵行：即清净行，以超出五欲为特征，特别指远离色欲。

②缺戒：戒律有所缺，不全面，不圆满。

③三聚戒：指摄律仪戒、摄善法戒、饶益有情戒，所以包括止恶、修善、利他三个方面。摄律仪戒指的是遵守佛教制定的各种戒律，如五戒、十戒、二百五十戒等。摄善法戒指的是实践一切善法的戒律，如修行布施、忍辱等六度。饶益有情戒指的是利益众生、自利利他的戒行。

④恶趣：即地狱、畜生、饿鬼三恶道。趣，往、到。恶趣，也就是受恶业招感，而应该去往的地方。

[译文]

第五大愿：愿我来世证得无上正等正觉时，假如有无数众生在药师法门中修行清净梵行，我会使这无数众生戒行圆满，没有缺失犯戒，而且能持守三聚戒。假如有人毁犯戒律，听到我的名号，便可消除罪障，不堕入恶趣。

第六大愿：愿我来世得菩提时，若诸有情，其身下劣，诸根不具①，丑陋顽愚，盲聋喑哑②，挛躄背偻③，白癞④颠狂，种种病苦，闻我名已，一切皆得端正黠慧⑤，诸根完具，无诸疾苦。

[注释]

①诸根不具：诸根，指眼、耳、鼻、舌、身、意六根。根是能生起感

觉、认识作用的器官和机能，如草木之根能生起枝、叶等。不具，即不完备，有残缺。

②喑（yīn）哑：喑，声音嘶哑，语音不清亮。哑，不能出声说话。

③挛躄（luán bì）背偻（lǚ）：挛，蜷曲不能伸直。躄，跛子。背偻，驼背。

④白癞：麻风病。

⑤黠（xiá）慧：黠，灵巧。慧，聪明。

[译文]

第六大愿：愿我来世证得无上正等正觉时，假如有众生身形残劣，容貌丑陋，生性愚顽，眼盲耳聋声哑，手足弯曲驼背，生麻风病或精神错乱等种种疾病苦痛，如果听见我的名号，他们都能长相端正，身体灵巧，心性聪慧，不残不缺，不会遭受诸多病痛。

第七大愿：愿我来世得菩提时，若诸有情，众病逼切①，无救无归，无医无药，无亲无家，贫穷多苦，我之名号一经其耳，众病悉除，身心安乐，家属资具②，悉皆丰足，乃至证得无上菩提。

第八大愿：愿我来世得菩提时，若有女人，为女百恶之所逼恼，极生厌离，愿舍女身，闻我名已，一切皆得转女成男，具丈夫相，乃至证得无上菩提。

[注释]

①逼切：逼迫。

②资具：资生之具，生活所需的日用器具。

[译文]

第七大愿：愿我来世证得无上正等正觉时，如若有众生饱受众多病苦的煎熬，无人救治，无所依托，没有医没有药，没有亲朋家人，贫穷多病，只要听闻我的名号，众多的病苦全部消除，身心安乐，家中人丁兴旺，日用器具丰足，乃至于证得无上菩提。

第八大愿：愿我来世证得无上正等正觉时，如果有女人被生为女人的种种苦楚所逼迫，对此生起厌离心，愿意舍弃女身，此等女人一旦听闻我的名号，来世全部便得转女成男，具备大丈夫相，乃至于证得无上菩提。

第九大愿：愿我来世得菩提时，令诸有情，出魔罥网①，解脱一切外道缠缚②；若堕种种恶见③稠林④，皆当引摄⑤置于正见，渐令修习诸菩萨行⑥，速证无上正等菩提。

[注释]

①罥（juàn）网：罥，网，套索，用来捕鸟兽的工具。网，捕鱼的工具。

②缠缚：缠绕束缚。

③恶见：邪见，不正确的见解。恶见主要分为五类：身见、边见、见取见、邪见、戒禁取见。身见，指执着于我，以身为实有的见解。边见，指执着万事万物或断或常的一边的见解。见取见，指执着于错误的见解，将之看作正确的。邪见，指不相信因果的见解。戒禁取见，指将邪戒当作正戒的见解。

④稠林：稠密的树林。

⑤引摄：导引摄受。

⑥菩萨行：菩萨的修行实践内容，主要包括六度四摄。

[译文]

第九大愿：愿我来世证得无上正等正觉时，能使众生摆脱魔王的魔行邪说之网，从外道邪见的缠绕束缚之中解脱；如果有众生堕入种种错误的见解中，我都会将他们导引摄受于正见之中，逐渐使他们修习菩萨行，最终快速证得无上正等菩提。

第十大愿：愿我来世得菩提时，若诸有情，王法所录①，绳缚鞭挞②，系闭牢狱，或当刑戮，及余无量灾难凌辱，悲愁煎迫，身心受苦，若闻我名，以我福德③威神力故，皆得解脱一切忧苦。

[注释]

①录：绳之以法，受王法制裁或审判。
②鞭挞（tà）：用鞭子抽打。
③福德：指过去世及现在世所行之一切善行，及由于一切善行所得之福利。

[译文]

第十大愿：愿我来世证得无上正等正觉时，如果有众生受到王法制裁，被绳索捆绑，被鞭子抽打，被关押于牢狱之中，或将遭受死刑以及其余种种灾难凌辱，从而受尽悲伤忧愁的煎熬，身心承受各种苦楚，他们如果听到我的名号，受到我的福德力、威神力加持，都能从一切忧愁悲苦中解脱。

第十一大愿：愿我来世得菩提时，若诸有情，饥渴所恼，为求食故，造诸恶业，得闻我名，专念①受持②，我当先以上妙饮食，饱足其身；后以法味③，毕竟④安乐而建立之。

[注释]

①专念：专心忆念。

②受持：领受于心，忆念而不忘。

③法味：妙法的滋味。

④毕竟：又作究竟、至竟，即究极、至极、最终。

[译文]

第十一大愿：愿我来世证得无上正等正觉时，若有众生生活困苦，为饮食所苦恼，为了谋取衣食，造下种种恶业，如果听闻我的名号，能够一心忆念，信受奉持，我就会先以美食使其饱足，然后以无上佛法使其得到究竟安乐。

第十二大愿：愿我来世得菩提时，若诸有情，贫无衣服，蚊虻①寒热，昼夜逼恼，若闻我名，专念受持，如其所好，即得种种上妙衣服，亦得一切宝庄严具，华鬘②涂香，鼓乐众伎，随心所玩，皆令满足。

[注释]

①虻（méng）：昆虫的一种，种类很多，以吸食哺乳动物的血液为生。

②华鬘：即花鬘，用绳子将鲜花穿起来，装饰身体。

[译文]

第十二大愿：愿我来世证得无上正等正觉时，若有众生贫困没有衣服，无法抵御蚊虻的叮咬，冬天无衣御寒，夏天无衣蔽体，日夜为此所苦，此等众生如果听闻我的名号，专心忆念，信受奉持，就会按照他们的喜好，得到种种美妙的衣服，而且还能得到一切装饰珠宝，花鬘涂香，音乐歌伎，凡是他们心里所希望赏玩的，都可以得到满足。

"曼殊室利！是为彼世尊药师琉璃光如来、应、正等觉行菩萨道时，所发十二微妙上愿。

"复次，曼殊室利！彼世尊药师琉璃光如来，行菩萨道时所发大愿，及彼佛土功德庄严，我若一劫①，若一劫余，说不能尽。然彼佛土，一向清净②，无有女人，亦无恶趣，及苦音声。琉璃为地，金绳界道，城阙③、宫阁、轩窗④、罗网⑤，皆七宝⑥成。亦如西方极乐世界⑦，功德庄严，等无差别。于其国中，有二菩萨摩诃萨：一名日光遍照⑧，二名月光遍照⑨，是彼无量无数菩萨众之上首，次补佛处⑩，悉能持彼世尊药师琉璃光如来正法宝藏⑪。是故，曼殊室利！诸有信心善男子、善女人⑫等，应当愿生彼佛世界。"

[注释]

①劫：梵文"劫波"的简称，意译为时分或大时等，用来表示通常年、月、日所不能计算的极长时间。劫分为小劫、中劫、大劫三种。小劫按照《毗婆沙论》等的说法，人寿自十岁起，每过百年增一岁，至八万

四千岁为极致；又自八万四千岁起，每过百年减一岁，至十岁为极致。此一增一减，共计一千六百八十万年，称为一小劫。二十小劫为一中劫，八十中劫为一大劫。

②清净：远离恶行之过失，远离烦恼之垢染。

③城阙：城，城墙。阙，城门两边的望楼。

④轩窗：窗户。轩，屋上的飞檐。

⑤罗网：连缀宝珠为网，以用作装饰的器具。

⑥七宝：七种珍宝。具体的七宝，不同的佛经有不同的指称。其在《法华经》中指：金、银、琉璃、砗磲、玛瑙、真珠、玫瑰。其在《无量寿经》中指：金、银、琉璃、玻璃、珊瑚、玛瑙、砗磲。其在《大智度论》中指：金、银、毗琉璃、颇梨、车渠、马瑙、赤真珠。

⑦极乐世界：佛土名，阿弥陀佛的国土。又作无量光明土、无量寿佛土、莲华藏世界等。极乐，梵名"须摩提"，译作妙乐，指诸事具足圆满，唯有乐而没有苦也。

⑧日光遍照：又称作日曜菩萨、日光菩萨，药师如来二胁侍之一。其身呈赤红色，左掌安日轮，右手执蔓朱赤花。

⑨月光遍照：又称作月净菩萨、月光菩萨，与日光菩萨同为药师如来胁侍，身呈白色，乘鹅座，手持月轮。

⑩次补佛处：意指日光菩萨和月光菩萨是药师如来正法的继承者。次，此后。补，补登。

⑪正法宝藏：法，指万法平等的实相。此法非邪，故名正法。藏，指库藏。一切清净微妙的功德，都是从此正法流出，一切无边的功德法门，也都含藏于此，所以正法名为宝藏。

⑫善男子、善女人：信行善法的男子、女子，或者特指在家的男、女居士，即优婆塞、优婆夷。

[译文]

"曼殊室利!这就是药师琉璃光如来、应、正等觉在菩萨道修行时所发的十二个微妙大愿。

"还有,曼殊室利!世尊药师琉璃光如来行菩萨道时所发的大愿,以及药师净琉璃世界佛国净土的种种功德,我就是用一劫或一劫多的时间,也是说不尽的。净琉璃世界一向清净,没有女人,也没有三恶道及各种苦痛的声音。其国土以琉璃为地,以金绳为界划分出道路。城楼宫殿、屋檐窗户以及庄严佛土的罗网,都是用七宝合成的。东方琉璃世界与西方极乐世界的功德、庄严平等无有差别。在东方琉璃世界里有两位大菩萨:一位名为日光遍照菩萨,一位名为月光遍照菩萨,他们是那里无量无数菩萨的上首,将依次进登佛位,持守药师琉璃光如来的正法宝藏。因此,曼殊室利!凡是对药师法门有信心的善男子、善女人,应当发愿往生药师琉璃世界。"

尔时,世尊复告曼殊室利童子言:"曼殊室利!有诸众生,不识善恶,惟怀贪吝,不知布施及施果报,愚痴无智,阙①于信根,多聚财宝,勤加守护。见乞者来,其心不喜,设不获已②而行施时,如割身肉,深生痛惜。复有无量悭③贪有情,积集资财,于其自身尚不受用,何况能与父母、妻子、奴婢、作使④及来乞者?彼诸有情,从此命终,生饿鬼界⑤,或傍生⑥趣。由昔人间,曾得暂闻药师琉璃光如来名故,今在恶趣,暂得忆念彼如来名,即于念时,从彼处没,还生人中。得宿命念⑦,畏恶趣苦,不乐欲⑧乐,好行惠施,赞叹施者,一切所有悉无贪惜,渐次尚能以头目、手足、血肉身分⁹施来求者，况余财物！

[注释]

①阙（quē）：通"缺"。

②不获已：不得已，没有别的办法。

③悭：吝啬，小气。

④作使：雇工，仆人。

⑤饿鬼界：即饿鬼的世界，是十界之一（其他九界为佛界、菩萨界、声闻界、缘觉界、天界、人界、阿修罗界、畜生界、地狱界）。饿鬼，六道之一，时常遭受饥饿的鬼类。前生造恶业、多贪欲者，死后变为饿鬼，常为饥渴所苦。

⑥傍生：又称旁生，即畜生。因其非人天正道，故称傍生。

⑦宿命念：关于过去世生命的忆念、回忆。宿命，指过去世的生命。

⑧欲：即五欲，有两种说法，其一指色欲、声欲、香欲、味欲、触欲，其二指财欲、色欲、饮食欲、名欲、睡眠欲。

⑨身分：身体。

[译文]

这时，世尊又告诉曼殊室利菩萨说："曼殊室利！有些众生不能分别善恶，只怀着贪婪吝啬的心念，不知道布施以及行布施的果报，愚痴而没有智慧，对于三宝缺乏正信。他们积攒了大量的财富并勤于守护，见到贫穷者前来乞讨，心中就不高兴，如果（因种种原因）不得已而行布施时，就会像割了他们身上的肉一样，痛惜不已。还有无量吝啬贪婪的众生，只知道积聚财富，他自己都舍不得享用，更何况分给父母、妻子、奴婢、佣人及乞讨者？这些众生从人道命终之后，便会投生在饿鬼界或畜生道中。

这些众生由于往昔在人间的时候，曾经短暂地听到过药师琉璃光如来的名号，当堕在恶趣中时，如果能短时忆念药师如来的名号，就能在忆念的时候，脱离恶道，又转生在人道中。当他们再次投生到人道以后，能忆念过去世的生命状态，畏惧恶趣的苦难，从而不再喜欢五欲之乐，变得乐善好施，并乐于赞叹行布施者，对于自己所拥有的一切都全无贪护吝惜，由此渐次修行，就能以头颅、眼睛、手足、血、肉、身体布施乞求者，更何况其余的财物！

"复次，曼殊室利！若诸有情，虽于如来受诸学处①，而破尸罗②；有虽不破尸罗，而破轨则③；有于尸罗、轨则，虽得不坏，然毁正见；有虽不毁正见，而弃多闻④，于佛所说契经⑤深义不能解了；有虽多闻而增上慢⑥，由增上慢覆蔽心故，自是非他，嫌谤正法，为魔伴党。如是愚人，自行邪见，复令无量俱胝⑦有情，堕大险坑。此诸有情，应于地狱、傍生、鬼趣流转无穷。若得闻此药师琉璃光如来名号，便舍恶行，修诸善法，不堕恶趣。设有不能舍诸恶行，修行善法，堕恶趣者，以彼如来本愿威力，令其现前暂闻名号，从彼命终还生人趣，得正见精进，善调意乐⑧，便能舍家趣于非家，如来法中，受持学处，无有毁犯；正见多闻，解甚深义，离增上慢，不谤正法，不为魔伴，渐次修行诸菩萨行，速得圆满。

[注释]

①学处：所学之处，一般指戒律。佛教中的戒条，即为比丘、比丘尼等所应学之处，故称学处。南传上座部佛教称戒、定、慧为三学处；《菩萨地持经》则列举了七学处：自利、利他、真实义、力、成熟众生、自熟

佛法、无上菩提。

②尸罗：梵文音译，意译为清凉、戒。戒能远离内心的热恼忧苦，令身心清凉自在，故名清凉。

③轨则：通"规则"，大众共同遵守的律法、规矩，这里指有关僧团生活的规则，或者更大的群体所应遵守的规则，包括国家法律。破尸罗属于损坏私德，而破轨则就是破坏维持公共道德的律条，罪过更大。

④多闻：即多闻经法教语而善加受持。

⑤契经：即经，音译为修多罗等。指经文下契众生的根机，上契佛法真理。契，契合之意。

⑥增上慢：对于教理或修行境地尚未有所成就、有所开悟，却起高傲自大之心。经论中常举示的未得谓得、未获谓获、未触谓触、未证谓证等，均属修行人生起增上慢的例子。增上，势力强大。

⑦俱胝（zhī）：又作拘胝、拘梨，意译为亿，这是印度数量之名。

⑧意乐：意向，意愿。

[译文]

"再者，曼殊室利！若有众生虽然于如来处学戒律，但是破戒；有的虽然不会破戒，但会违犯规范律法；有的虽然对于戒律、规范都不会毁犯，但破坏佛法正见；有的虽然不会破坏佛法正见，但放弃多闻佛法，对于佛所说的经文深义不能理解明了；有的虽然能多闻经法，但具有增上慢，由于增上慢而蒙蔽了心性，肯定自身，否定他人，诽谤正法，成了邪魔的同伴和党羽。这些愚痴的人，不仅自己修行邪见，还使无数众生堕入邪见、邪行的巨大陷坑中。这些众生，应该在地狱、畜生、饿鬼三恶趣中，辗转轮回，没有尽头。如果他们能听闻药师琉璃光如来的名号，便会舍弃恶行，修习众多善法，不会堕入三恶趣。假如这些众生不能舍弃恶行,修行善法,而堕入恶趣,他们会因为药师如来所发本愿的威力,于当下暂时听闻药师如来的名号,从他们所在的恶趣命终之后,再次转生人界,获得佛法正见,精进修行,善于调伏内心的意欲,不再恋着世间,便能舍弃世俗之家而出家修行,在如来正法之中,受持戒律,不会毁犯;并能信持正见,保持多闻,悟解佛法的精深义理,远离增上慢,不诽谤正法,不会成为邪魔的党羽,并逐渐升进,修持菩萨六度四摄等法门,功德迅速圆满。

"复次,曼殊室利!若诸有情,悭贪嫉妒,自赞毁他,当堕三恶趣中,无量千岁受诸剧苦。受剧苦已,从彼命终,来生人间,作牛、马、驼、驴,恒被鞭挞,饥渴逼恼,又常负重,随路而行。或得为人,生居下贱,作人奴婢,受他驱役,恒不自在①。若昔人中,曾闻世尊药师琉璃光如来名号,由此善因②,今复忆念,至心归依③。以佛神力,众苦解脱,诸根聪利,智慧多闻,恒求胜法④,常遇善友,永断魔罥,破无明⑤㲉⑥,竭烦恼⑦河,解脱⑧一切生老病死、忧愁苦恼。

[**注释**]

①自在:即自由自在,随心所欲,做任何事均无障碍。

②善因:招感善果的业因。

③归依:又写作皈依,指归敬依投于佛、法、僧三宝,如能归投三宝,则此身得以安全,此心得以无忧,故云归依。

④胜法:卓越的法门。

⑤无明:指不如实知见之意,即暗昧事物,不通达真理与不能明白理

解事相、道理的状态。也就是不达、不解、不了，而以愚痴为其自相。泛指无智、愚昧，特指不解佛教道理之世俗认识。

⑥鷇（què）：鸟卵。

⑦烦恼：音译吉隶舍，又作惑，指身心方面的苦恼与混乱的总称。

⑧解脱：离缚而得自在。解惑业之系缚，脱三界之苦果也。

[译文]

"再者，曼殊室利！若有众生悭吝贪婪，常怀嫉妒之心，赞颂自己，诋毁他人，将来应当堕入三恶趣中，于久远的时日中遭受种种巨大的苦痛。遭受巨大的苦痛后，从恶趣中命终，转生于人间，变为牛、马、骆驼、驴，常常受到鞭打，忍受饥渴等的逼害；又常常驮着重物，沿着道路穿行。有的转生为人，生来身份低贱，成为他人的奴婢，受他人的驱使奴役，恒常得不到自在。如果这些众生以前生在人中时，曾经听闻药师琉璃光如来的名号，由于这个善因，如今又忆念起药师如来并至诚皈依。这些众生可以凭借佛的神力，从众多的苦痛中解脱出来，六根聪慧锐利，具有智慧，多闻广听，常追求殊胜佛法，常得遇善友，永远地断除邪魔罗网的绑缚，破除无明的蒙蔽，使烦恼之河枯竭，从一切生老病死、忧愁、悲痛、苦恼中解脱。

"复次，曼殊室利！若诸有情，好喜乖离①，更相斗讼②，恼乱自他，以身语意，造作③增长种种恶业，展转常为不饶益④事，互相谋害。告召山林树冢等神；杀诸众生，取其血肉，祭祀药叉⑤、罗刹婆⑥等；书怨人名，作其形像，以恶咒术而咒诅⑦之；厌魅蛊道⑧，咒起尸鬼⑨，令断彼命，及坏其身。是诸有情，若得闻此药师琉璃光如来名号，彼诸恶事，悉不能害。一切展转皆起慈心，利益安乐，无损恼意及嫌恨心，各各欢悦，于自所受生于喜足，不相侵凌，互为饶益。

[注释]

①好喜乖离：喜欢挑拨离间，即两舌。乖离，分离，此处指使他人分离，也就是破坏他人之间的感情。

②斗讼：打斗诉讼。

③造作：制造，指制造物品、创造、作为、作用。

④饶益：使富裕、丰足，得到利益。

⑤药叉：又称夜叉，意译为勇健、捷疾、能啖等。指形貌丑怪而凶恶的鬼神，住于地上或空中，以威势恼害人。有时也为佛教的护法神，与天众、龙众、乾闼婆、阿修罗、迦楼罗、紧那罗、摩睺罗迦等并列为天龙八部。

⑥罗刹婆：即罗刹，食人肉的恶鬼，意译为可畏、速疾鬼。男罗刹黑身、朱发、绿眼，女罗刹则如绝美妇人，擅长迷惑人，专食人血肉。

⑦咒诅：使用咒语、符咒等求神嫁祸于他人。

⑧厌（yā）魅蛊（gǔ）道：厌，压胜，以巫术诅咒或祈祷以达到压服人或物的目的。魅，鬼魅。蛊道，蛊术，将毒虫集中在一起，让它们自相残杀，最后剩下最毒的一只，将其弄死，研磨成末，偷放在仇家的饭食或衣服中，使其中毒而亡。

⑨咒起尸鬼：用咒语使死尸活动起来，控制其使其伤害他人。

[译文]

"再者，曼殊室利！若有众生喜欢挑拨离间，互相打斗争讼，恼害扰乱自己和他人，用身、语、意造作和增加种种恶业，常做一些不能利益众生的事情，且互相伤害。他们或祷告和召请山林、树木、坟墓等处的鬼神；或杀害牛、羊、鸡等众生，用它们的血肉祭祀药叉、罗刹；或书写仇家的名字，用草木等制作其形象，用邪恶的咒术诅咒之；或利用压胜、鬼魅、蛊术以及用咒语咒起死尸等种种方式，害人性命，或者伤害他人。于此中受人毒害的众生，如果听闻药师如来的名号，以上种种邪恶的事情都不能伤害他们。而且还能令所有恶人、恶鬼生起慈悲之心，互相饶益，共同安乐相处，没有损伤恼害对方及嫌憎他人的心念。人人欢喜乐意，对于自己面临的境遇，都能欢喜知足，不互相侵犯凌辱，相互合作共为利益众生的事务。

"复次，曼殊室利！若有四众：苾刍、苾刍尼①、邬波索迦②、邬波斯迦③，及余净信④善男子、善女人等，有能受持八分斋戒⑤，或经一年，或复三月，受持学处，以此善根⑥，愿生西方极乐世界无量寿佛⑦所，听闻正法，而未定者。

[注释]

①苾刍尼：梵语音译，也译作比丘尼，指出家后受具足戒的女子。

②邬波索迦：又称优婆塞，意为近事男、清净士，是在家亲近奉事三宝并受持五戒的男子的统称。

③邬波斯迦：又称优婆夷、优婆斯，意为清信女、近善女、近事女，是在家亲近三宝并受持五戒的女子的统称。

④净信：清净的信心。

⑤八分斋戒：也称八支斋戒、八关斋戒、八斋戒，内容包括：1. 不杀；2. 不偷盗；3. 不淫欲；4. 不妄语；5. 不饮酒；6. 不着香花鬘，

不香涂身，不做歌舞伎倡及观听；7. 不眠坐高广华丽之床；8. 不食非时食。前七条为戒，后一条为斋，故称作斋戒。

⑥善根：又称善本、德本，即产生善法的根本。

⑦无量寿佛：即阿弥陀佛。阿弥陀，意译为无量寿、无量光，故亦称阿弥陀佛为无量寿佛、无量光佛。

[译文]

"再者，曼殊室利！如果有四众：比丘、比丘尼、优婆塞、优婆夷，以及其余具有清净信念的善男子、善女人等，其中有能受持八关斋戒者，或者受持一年，或者只在一月、五月、九月这三个月受持的，凭借着受戒的善根，希望往生西方极乐世界无量寿佛的佛国净土，在西方净土听闻正法，虽有这个愿望，但还未生成坚定决心者。

"若闻世尊药师琉璃光如来名号，临命终时，有八大菩萨，其名曰：文殊师利菩萨、观世音菩萨①、得大势菩萨②、无尽意菩萨③、宝檀华菩萨④、药王菩萨⑤、药上菩萨⑥、弥勒菩萨⑦。是八大菩萨乘空而来，示其道路，即于彼界种种杂色众宝华中，自然化生⑧。

[注释]

①观世音菩萨：又称光世音菩萨、观自在菩萨、观世音自在菩萨，是以慈悲救济众生为本愿的菩萨，凡遇难众生诵念其名号，菩萨即时观其音声前往拯救，故称观世音菩萨。

②得大势菩萨：又称大势至菩萨。此菩萨以智慧光普照一切，令众生

离三涂苦,得无上力;又此菩萨行动时,十方世界一切地皆震动,故称大势至。与观世音菩萨同为西方极乐世界阿弥陀佛之胁侍,世称西方三圣。

③无尽意菩萨:又称为无尽慧菩萨、无量义菩萨。此菩萨因观一切事相之因缘果报皆为无尽,而发心上求无尽的诸佛功德,下度无尽的众生,故称无尽意菩萨。

④宝檀华菩萨:此菩萨身世、功德不详。

⑤药王菩萨:施与良药,免除众生身心病苦的菩萨。

⑥药上菩萨:出家前是药王菩萨的弟弟,二人都以施药免除病苦为愿行。《观药王药上二菩萨经》记载:过去久远劫有佛,号琉璃光照如来,劫名正安稳,国名悬胜幡。彼佛涅槃后,于像法中,有千比丘,发心修行,众中有一比丘曰日藏,聪明多智,为诸众说大乘之平等大慧。众中有一长者,名星宿光,闻大乘,心生欢喜,持诃黎勒果及诸杂药,供养日藏比丘及诸众,因发大菩提心。时星宿光之弟曰电光明,亦随兄持诸良药,供养日藏及诸众,发大誓愿。此时大众赞叹,号兄为药王,弟为药上。

⑦弥勒菩萨:意译为慈氏菩萨,原为南天竺的婆罗门之子,后来成为释迦牟尼弟子,但先于释尊入灭,重生于天界的兜率天。相传现在在弥勒净土的兜率内院,为天人说法。据称,在人寿八万岁、释尊灭后五十六亿七千万年时,将再下生此世,于龙华树下成佛,经三次说法,济度释尊说法所遗漏的众生。

⑧化生:本来没有而忽然生出,即无所依托,借业力而出现者。五趣之中,诸天神、地狱中的受苦者均属于化生,人、畜生、鬼等三趣则有一部分为化生,如劫初的人为化生,龙、金翅鸟则属于畜生道中的化生者,鬼通胎、化二种,所以五趣中以化生为最多。

[译文]

"如若听闻药师琉璃光如来的名号,临到命终时,有八大菩萨即文殊师利菩萨、观世音菩萨、得大势菩萨、无尽意菩萨、宝檀华菩萨、药王菩萨、药上菩萨、弥勒菩萨从空中出现，指示给他们道路，引导他们在净琉璃土世界各色宝花之中，清净、自然地化生。

"或有因此生于天上，虽生天上，而本善根亦未穷尽①，不复更生诸余恶趣。天上寿尽，还生人间，或为轮王②，统摄四洲③，威德自在，安立无量百千有情于十善④道；或生刹帝利⑤、婆罗门、居士大家，多饶财宝，仓库盈溢，形相端严，眷属具足⑥，聪明智慧，勇健威猛，如大力士。若是女人，得闻世尊药师琉璃光如来名号，至心受持，于后不复更受女身。

[注释]

①而本善根亦未穷尽：一般的天福报享尽，就有可能堕入恶趣，而听闻药师佛名号的众天与此不同，其善根不能穷尽，所以命终时只会转生人间。

②轮王：转轮王、转轮圣王的简称，指旋转轮宝之王。转轮王拥有七宝（轮、白象、绀马、明月珠、玉女、主藏臣、主兵臣），具足四德（长寿、无疾病、容貌出色、宝藏丰富），统一须弥四洲，以正法治理世间，其国土丰饶，人民和乐。轮王有四个：金轮王、银轮王、铜轮王、铁轮王，掌管四大洲。其中，铁轮王掌管南方一洲，铜轮王掌管东、南二洲，银轮王掌管南、西、东三洲，金轮王则掌管四洲。

③四洲：又称四大部洲、四大洲、四天下，位于须弥山的四方，即东胜身洲、南赡部洲、西牛货洲、北俱卢洲。按照《大唐西域记》卷一记载：东胜身洲因为其人身形殊胜，故而得名，该洲地形、人面形状如半

月。南赡部洲又称南阎浮提,赡部,原为一种树名,所以,本洲即以此树而得名,该洲地形、人面上大下小,我们所居世界即属于这一洲。西牛货洲以牛贸易为主,故而得名,该洲地形、人面如满月。北俱卢洲之地貌优胜于其他三洲,地形方正,犹如池沼,人面亦如是,此洲人寿命千岁,唯无佛法。

④十善:十种善法,即不杀、不盗、不淫、不妄语、不两舌、不恶口、不绮语、不贪、不恼害、不邪见。

⑤刹帝利:印度四大种姓中的第二种姓,仅次于婆罗门阶层,掌管世俗权利。

⑥具足:具备、满足,侧重指不仅具备,而且很完满。

[译文]

"或有生于天上的,但虽生于天上,这个善根也不会穷尽,生天的福报用尽时,不会再堕入三恶趣中。天上的寿终命尽时,会回还转生人间,有的成为转轮王,统管四大部洲,威力福德极大,一切都能如意自在,可以引导无量无数的众生修行十善法;有的转生在刹帝利、婆罗门、居士的大家族中,财宝丰饶,仓库丰实,形貌端正庄严,眷属繁盛,具足无缺,自身聪明而富有智慧,勇猛威武如大力士一般。若是女人在得闻药师琉璃光如来名号时,能一心信奉持念,在后世就不会再转生为女人身。

"复次,曼殊室利!彼药师琉璃光如来得菩提时,由本愿力,观诸有情,遇众病苦,瘦疟①、干消②、黄热③等病,或被厌魅、蛊毒所中;或复短命,或时横死④,欲令是等病苦消除,所求愿满。时彼世尊,入三摩地⑤,名曰除灭一切众生苦恼。既入定已,于肉髻中出大光明,光中演说大陀罗尼⑥曰:'南谟薄伽伐帝,鞞杀社窭噜，薜琉璃，钵喇婆，喝啰阇也，怛他揭多耶，阿啰喝帝，三藐三勃陀耶⑦。怛侄他⑧，唵，鞞杀逝，鞞杀逝，鞞杀社，三没揭帝莎诃⑨。'

[注释]

①瘦疟（nüè）：虚弱病，患者骨瘦如柴，弱不禁风。

②干消：消渴症，现代医学称为糖尿病。

③黄热：黄疸，面色、眼睛都发黄，身体发热。

④横死：遭遇意外而死亡，死得很突然。

⑤三摩地：又作三昧、三摩提、三摩帝，意译为等持、正定，指心专于一个对象而不散乱的状态。

⑥陀罗尼：意为总持、能遮。有两层含义：一是总摄忆持无量佛法而不散失，二是能遮除一切恶法。因陀罗尼的形式类同于咒，所以逐渐与咒混同。

⑦南谟薄伽伐帝，鞞（bǐng）杀社窭（jù）噜，薜琉璃，钵喇婆，喝啰（luó）阇（shé）也，怛（dá）他揭多耶，阿啰喝帝，三藐三勃陀耶：皈依世尊药师琉璃光如来、应、正等觉。南谟，皈依，礼敬。薄伽伐帝，薄伽梵，即世尊。鞞杀社窭噜，即药师。薜琉璃，即琉璃。钵喇婆，即光。喝啰阇也，即王。怛他揭多耶，即如来。阿啰喝帝，即应（供）。三藐三勃陀耶，即正等觉。

⑧怛侄他：即说咒曰。

⑨唵（wǎn），鞞杀逝，鞞杀逝，鞞杀社，三没揭帝莎诃：用药免除一切众生病苦的大愿，迅速圆满实现。唵，一般冠于咒语之前，表示皈依、供养、警觉。鞞杀逝，鞞杀逝，鞞杀社，皆是药的意思。三没揭帝，即普度。莎诃，即娑婆诃，意为迅速成就。

[译文]

"再者,曼殊室利!药师琉璃光如来成佛时,由于在修行菩萨道时所发的本愿之力,当他观察到众生遭受病苦,如虚劳、消渴、黄疸等,或者被压胜、鬼魅所扰,或者遭受蛊毒,或者短命,或者即将横死,为了消除众生的病苦,使其所求的消灾延寿的愿望都能满足,当时药师如来入名为消除一切众生苦恼的大定。入定后,药师如来从头顶肉髻中放射出大光明,于光明中宣说大陀罗尼咒:'南谟薄伽伐帝,鞞杀社窭噜,薛琉璃,钵喇婆,喝啰阇也,怛他揭多耶,阿啰喝帝,三藐三勃陀耶。怛侄他,唵,鞞杀逝,鞞杀逝,鞞杀社,三没揭帝莎诃。'

"尔时,光中说此咒已,大地震动,放大光明,一切众生病苦皆除,受安隐乐。

[译文]

"当药师如来宣说此咒之后,大地震动起来,普放大光明,一切众生的病苦都消除了,生活安宁康乐。

"曼殊室利!若见男子、女人、有病苦者,应当一心为彼病人,常清净澡漱,或食、或药、或无虫水,咒一百八遍,与彼服食,所有病苦悉皆消灭。若有所求,至心念诵,皆得如是无病延年;命终之后,生彼世界,得不退转,乃至菩提。是故,曼殊室利!若有男子、女人,于彼药师琉璃光如来,至心①殷重②恭敬供养③者,常持此咒,勿令废忘。

［注释］

①至心：至极之心，至诚之心。

②殷重：恳切深厚。

③供养：又作供、供施、供给、打供。意指供食物、衣服等于佛法僧三宝、师长、父母、亡者等。供养最初以身体行为为主，后亦包含纯粹的精神供养。由于供养物品种类、供养方法与供养对象等不同，佛经中所说的供养又有种种不同：1. 二种供养：财供养和法供养，财供养指供养饮食、香花等的财物，法供养指恭敬、赞叹、礼拜佛菩萨。2. 三种供养：《十地经论》卷三说为利养供养、恭敬供养、行供养。利养供养，指衣服、卧具等；恭敬供养，指香花、幡盖等；行供养，指修行信行、戒行等。3. 四种供养：《大日经义释》卷十一中认为是香花、合掌礼敬、慈悲、运心等四种。《增一阿含经》卷十三认为是衣被、饮食、床卧具、病瘦医药。《善见律毗婆沙》卷十三认为是饮食、衣服、汤药、房舍。4. 十种供养：《法华经》卷四认为这十种是：华、香、璎珞、末香、涂香、烧香、缯盖、幢幡、衣服、伎乐，乃至合掌恭敬。这个颇具代表性。

［译文］

"曼殊室利！如果看见男子、女人遭受种种病苦，就应当一心为病人持念药师神咒。念咒时，应当沐浴漱口，保持身心清净，然后对病人的食物、药品或者没有虫子的清净水咒祝一百零八遍，让其服用，这样病人的所有病苦都会消除。如果有其他的愿望，就一心念诵药师咒，可以无疾无病，延年益寿。命终之后，可以往生东方净琉璃光世界，永不退转，乃至于证得无上菩提。所以，曼殊室利！如果有男子、女人对于药师琉璃光如来能诚心、殷勤、恭敬地供养，就应当长期持诵此咒，不要废弃遗忘了。

"复次,曼殊室利!若有净信男子、女人,得闻药师琉璃光如来、应、正等觉所有名号,闻已诵持。晨嚼齿木①,澡漱清净,以诸香花、烧香、涂香②、作众伎乐③,供养形像。于此经典,若自书,若教人书,一心受持,听闻其义。于彼法师④应修供养,一切所有资身之具,悉皆施与,勿令乏少。如是便蒙诸佛护念,所求愿满,乃至菩提。"

[注释]

①齿木:古印度清晨咀嚼的一种木头,有苦汁,能清除口臭。

②涂香:将香涂在手上和身上供佛。

③伎乐:又写作妓乐,指音乐。佛经中禁止以娱乐为目的之伎乐,而许以供养为目的之伎乐。

④法师:指既精通佛法又能引导众生修行之人,此处特指弘扬药师法门的法师。

[译文]

"再者,曼殊室利!若具有清净信心的男子、女人,在听闻药师琉璃光如来、应、正等觉等名号后,能够持诵,于清晨咀嚼齿木,沐浴洗漱以清净身心,然后用种种香花、燃烧用的香、涂身之香及歌舞赞叹供养药师佛像。对于这部《药师琉璃光如来本愿功德经》,或自己书写,或教别人书写,并且一心信受持诵,勤于听闻对经义的讲解。对于修持、弘扬药师法门的法师也能勤加供养,他们所需要的衣食资具,都能供养布施,不让他们在生活之资方面有所匮乏。这样的男子、女人都会蒙受诸佛的护念，他们的希求都会满足，乃至于可以证得无上菩提。"

尔时，曼殊室利童子白佛言："世尊！我当誓于像法转时，以种种方便，令诸净信善男子、善女人等，得闻世尊药师琉璃光如来名号，乃至睡中亦以佛名觉悟其耳。世尊！若于此经受持①读诵，或复为他演说开示②；若自书，若教人书；恭敬尊重，以种种华香、涂香、末香、烧香、华鬘、璎珞③、幡盖④、伎乐，而为供养；以五色彩，作囊盛之；扫洒净处，敷设高座，而用安处。尔时，四大天王⑤与其眷属⑥，及余无量百千天众，皆诣其所，供养守护。世尊！若此经宝流行之处，有能受持，以彼世尊药师琉璃光如来本愿功德，及闻名号，当知是处无复横死；亦复不为诸恶鬼神，夺其精气；设已夺者，还得如故，身心安乐。"

[注释]

①受持：受者领受，持者忆持，指领受于心，忆而不忘。

②开示：开，开发，即破除众生的无明，开发其如来藏，见实相之理。示，显示，指惑障既除则知见体显，法界万德显示分明。

③璎珞：用珠玉或花等编缀成的装饰物，可以挂在头、颈、胸、手、脚等部位，为印度王公贵人普遍佩戴的饰品。

④幡盖：幢幡宝盖。幢幡属锦旗类。宝盖也称华盖，圆筒形，用七宝装饰，悬于佛、菩萨或戒师等的高座之上，是庄严道场的用具。

⑤四大天王：按照《俱舍论》的说法，须弥山有四面四层，第四层的东面有持国天王，南面有增长天王，西面有广目天王，北面有多闻天

王,这四个天王各带自己的许多侍从护持所管方向的佛教。

⑥眷属:此处指亲近者、随从者。

[译文]

　　这时,曼殊室利菩萨对佛说:"世尊!我立誓在像法时期,当以种种方便法门,使众多具有清净信心的善男子、善女人可以听闻世尊药师琉璃光如来的名号,乃至于睡梦中使他们听闻药师如来的名号并有所觉悟。世尊!若有人于此《药师琉璃光如来本愿功德经》中能领受经义,持念不忘并加以诵读,或者为其他的人宣说开示;或者自己书写,或者教别人书写;对于此经书恭敬尊重,用种种花香、涂香、末香、烧香、花鬘、璎珞、幡盖、伎乐进行供养;用五色彩缎做成经囊,存放此经;将处所打扫干净,敷设高座,安放此经。如此供养、弘扬此经法时,四大天王及其眷属,及其余无量无数的天众,都会前来护持道场,供养守护经法。世尊!如若此经宝流行的地方,有能够信受奉持者,以此药师琉璃光如来的本愿功德,以及听闻药师如来名号为奉持功德之力,此处就不会出现横死的事,也不会出现人被恶鬼、恶神夺取精气的事情。假如已经有人精气被夺取,也会慢慢恢复到以前的样子,身心安乐。"

　　佛告曼殊室利:"如是!如是!如汝所说。曼殊室利!若有净信善男子、善女人等,欲供养彼世尊药师琉璃光如来者,应先造立彼佛形像①,敷清净座而安处之;散种种花,烧种种香,以种种幢幡庄严其处;七日七夜,受八分斋戒,食清净食,澡浴香洁,着清净衣,应生无垢浊心②,无怒害心,于一切有情,起利益安乐,慈、悲、喜、舍③,平等之心,鼓乐歌赞,右绕④佛像。复应念彼如来本愿功德，读诵此经，思惟其义，演说开示。随所乐求，一切皆遂：求长寿得长寿，求富饶得富饶，求官位得官位，求男女得男女。若复有人，忽得恶梦，见诸恶相，或怪鸟来集，或于住处，百怪出现。此人若以众妙资具，恭敬供养彼世尊药师琉璃光如来者，恶梦、恶相诸不吉祥，皆悉隐没，不能为患。或有水、火、刀、毒、悬险、恶象、师子、虎、狼、熊、罴⑤、毒蛇、恶蝎、蜈蚣、蚰蜒⑥、蚊虻等怖，若能至心忆念彼佛，恭敬供养，一切怖畏皆得解脱。若他国侵扰，盗贼反乱，忆念恭敬彼如来者，亦皆解脱。

[注释]

①形像：音译为钵罗底么，指佛、菩萨之肖像，泛指画像、木像、金像、石像、泥塑之像等。

②垢浊心：指充满烦恼及贪、瞋、痴的心。

③慈、悲、喜、舍：又称四无量心。慈是与乐。悲是拔苦。喜是欢喜心，见他人离苦得乐，心生悦意，不起嫉妒。舍即平等心，怨亲平等，不因之而起分别。

④右绕：印度以右为大，故从右向左绕行，表示对佛的恭敬。

⑤罴（pí）：熊的一种，即棕熊，又叫马熊，毛棕褐色，能爬树，会游泳。

⑥蚰蜒（yóu yán）：俗称"草鞋虫"。身体呈灰白色，人受其叮咬后，引发痛痒。

[译文]

佛告诉曼殊室利菩萨说："是的！是的！正如你所说的。曼殊室利！

如若有具有清净信心的善男子、善女人等,想要供养药师琉璃光如来,应该先雕造药师如来的佛像,敷设一个清净的高座安放;并散种种鲜花,焚烧种种香,以种种幢幡庄严其处所;在七日七夜中,受持八分斋戒,吃清净的食物,沐浴身体,更换清净的衣服,同时内心清净,不生染污,不生暴怒或谋害他人之意,对于一切众生,都愿意使其获得利益和安乐,以慈、悲、喜、舍四无量心对待他们,且能击鼓奏乐,歌唱礼赞,从右向左绕行药师佛像。接着,还应该忆念药师佛的本愿功德,读诵此经,思维经文的义理,为他人演说开示。如果能如此修行者,他的欲求就会得到满足:求长寿者得长寿,求富裕者得富裕,求官位者得官位,求男女子嗣者得男女子嗣。如果有人忽然做恶梦,梦见诸多的恶相,或者有怪鸟飞来聚集于家中,或者在住处出现种种怪事,这个人如果用众多精妙的物品器具恭敬供养药师琉璃光如来,那些恶梦、恶相等众多不吉祥的事情,全都会隐没,不能成为祸患。或者遇到水、火、刀、毒药、悬崖绝壁等灾难,以及受到凶恶的大象、狮子、虎、狼、熊、罴、毒蛇、毒蝎子、蜈蚣、蚰蜒、蚊子、虻虫等的袭击毒害,如果能诚心忆念药师佛,恭敬供养药师佛,这一切的畏惧恐怖都会化解。若遇其他国家犯境,或者盗贼作乱,忆念和恭敬供养药师如来,这些也会化解。

"复次,曼殊室利!若有净信善男子、善女人等,乃至尽形①不事余天②,唯当一心归佛、法、僧,受持禁戒③,若五戒④、十戒⑤、菩萨四百戒、苾刍二百五十戒、苾刍尼五百戒,于所受中或有毁犯,怖堕恶趣,若能专念彼佛名号,恭敬供养者,必定不受三恶趣生。或有女人,临当产时,受于极苦,若能至心称名礼赞⑥,恭敬供养彼如来者,众苦皆除。所生之子,身分⑦具足,形色端正,见者欢喜,利根⑧聪明,安隐⑨少病,无有非人夺其精气。"

[注释]

①尽形：尽形寿，指肉体寿命的结束，也就是一生。

②天：此处指天魔外道。

③禁戒：音译为三婆逻、三跋罗，又作律仪。佛为防止弟子们身、口、意之过失，错误而制定的戒律，三藏中律藏专明禁戒者有五戒、八戒、沙弥戒、具足戒等区别。

④五戒：佛教中在家的男女信众所受持的五条戒律：不杀生、不偷盗、不邪淫、不妄语、不饮酒。不杀生是不杀伤生命，不偷盗是不盗取别人的财物，不邪淫是不做夫妇以外的淫事，不妄语是不说欺诈骗人的话，不饮酒是不饮用或吸食含有麻醉人性成分的酒类及毒品。

⑤十戒：沙弥及沙弥尼应受持的十条戒律，又称沙弥戒，或称勤策律仪，即：1.不杀生。2.不偷盗。3.不邪淫。4.不妄语。5.不饮酒。6.不涂饰香鬘。7.不听视歌舞。8.不坐高广大床。9.不非时食。10.不蓄金银财宝。其中，"不非时食"指过午不食。

⑥礼赞：礼拜三宝，赞叹其功德。

⑦身分：身体全部。

⑧利根：有两层含义：一是指敏锐理解佛法，并进而快速达到解脱；二是指天性聪颖。此处应该是指天性。利，锐利。根，指信、进、念、定、慧五根，也可以指眼、耳、鼻、舌、身五根。另外，根为根器，即天性也。

⑨安隐：安稳。

[译文]

"再者，曼殊室利！如果有具有清净信心的善男子、善女人等，终其一生不信奉天魔外道，只是一心皈依佛、法、僧，信受奉持戒律，或者五戒、十戒、四百条菩萨戒、二百五十条比丘戒、五百条比丘尼戒，但对于所受的戒律有所毁弃违犯，害怕堕入三恶趣的，如果能专心称念药师如来的名号，以及恭敬供养药师如来，必定不会受生于三恶趣。或者有女人在临盆之际，遭受巨大痛苦，此时如果能诚心念诵药师如来的名号，恭敬地礼赞供养药师如来，她所遭受的痛苦就可以解除。她所生的孩子不残不缺，形貌周正，能让见到的人心生欢喜，且天资聪颖，少病无灾，没有妖邪鬼魅夺取其精气。"

尔时，世尊告阿难①言："如我称扬彼世尊药师琉璃光如来所有功德，此是诸佛甚深行处，难可解了，汝为信不？"

[注释]

①阿难：为佛陀十大弟子之一，未出家前为佛陀的堂弟，出家后二十余年长随佛陀左右，其记忆力超群，被誉为"多闻第一"。在释迦牟尼涅槃之后的首次结集中，阿难成为诵出经藏的弟子，对于佛教中经法的流传有重要贡献。

[译文]

这时，世尊对阿难说："像我称赞宣扬的药师琉璃光如来的所有功德，这些是诸佛最深的智慧方便所践行的境界，非常难以理解，你相信吗？"

阿难白言："大德①世尊！我于如来所说契经，不生疑惑，所以者何？一切如来身语意业，无不清净。世尊！此日月轮，可令堕落；妙高山②王，可使倾动；诸佛所言，无有异也。世尊！有诸众生，信根不具，闻说诸佛甚深行处，作是思惟：云何但念药师琉璃光如来一佛名号，便获尔所功德胜利？由此不信，返生诽谤。彼于长夜③，失大利乐，堕诸恶趣，流转④无穷！"

[注释]

①大德：印度对佛、菩萨和高僧的尊称，在中国则专门指称高僧。

②妙高山：即须弥山。此山形势优美，故称妙；此山为众山中的至高者，故称高。

③长夜：指长久的时间，尤其指凡夫沉溺于无明之睡眠，流转生死之中的、如暗夜一般的漫长时日。

④流转：或译作轮回。指漂流、辗转，为二十四不相应行法之一。即生死相续不断，而辗转于三界、六道之轮回。

[译文]

阿难回答道："大德世尊！我对于如来所说的法深信不疑，为什么呢？因为一切诸佛的身、语、意业无不清净。世尊！纵然日月可以坠落，妙高山可以倾动，但诸佛所说的法真实没有变异。世尊！有一些众生缺乏坚固的信心，听闻诸佛特别深广的智慧方便的践行之处，就会这样想：为什么只念药师琉璃光如来佛的名号，就会获得这么多的功德和非常殊胜的利益呢？由此疑惑，继而诽谤药师如来及药师法门。这些人在生死长夜里，因此错失了解脱带来的利益和安乐，后世堕入恶趣之中，无穷无尽地轮回流转！"

佛告阿难:"是诸有情,若闻世尊药师琉璃光如来名号,至心受持,不生疑惑,堕恶趣者,无有是处。阿难!此是诸佛甚深所行,难可信解。汝今能受,当知皆是如来威力。阿难!一切声闻、独觉,及未登地①诸菩萨等,皆悉不能如实信解,惟除一生所系菩萨②。阿难!人身难得,于三宝中,信敬尊重,亦难可得。得闻世尊药师琉璃光如来名号,复难于是。阿难!彼药师琉璃光如来,无量菩萨行,无量善巧方便,无量广大愿,我若一劫,若一劫余而广说者,劫可速尽,彼佛行愿,善巧方便,无有尽也!"

[注释]

①登地:依据《华严经》,菩萨之修行阶位有:十信、十住、十行、十回向、十地、等觉、妙觉五十二位。登地,指登上十地中的初地——欢喜地,这必须经过一大阿僧祇劫的修行。

②一生所系菩萨:也就是一生补处菩萨,这是仅次于佛位的菩萨位,而且是菩萨位中的最高层位,下一生就成为佛了。

[译文]

佛告诉阿难:"一切众生听闻药师琉璃光如来的名号时,诚心信受奉行,不产生疑虑,是绝对不可能堕入恶趣的。阿难!这是诸佛智慧方便最深的践行之处,一般众生不容易相信、理解,你现在能够信受,应当知道这是仰仗佛的威力加持。阿难!一切声闻、独觉,及还未登初地的菩萨等,全部都不能真实相信和彻底理解,只有下一生将成佛的补处菩萨例外。阿难!在生死轮回中,人身是很难得的,对于三宝信奉敬重也很难得,而能够听闻药师琉璃光如来的名号,则比这二者都难。阿难!药师琉璃光如来的无量菩萨行、无量善巧方便、无量广大愿,我如果用一劫、超过一劫的时间宣说,则千万劫的时间可以用尽,而药师佛的菩萨行、大愿以及善巧方便是讲不尽的!"

尔时,众中有一菩萨摩诃萨,名曰救脱①,即从座起,偏袒一肩,右膝着地,曲躬合掌而白佛言:"大德世尊!像法转时,有诸众生,为种种患之所困厄,长病羸瘦,不能饮食,喉唇干燥,见诸方暗,死相现前,父母、亲属、朋友、知识②,啼泣围绕。然彼自身,卧在本处,见琰魔③使,引其神识④,至于琰魔法王之前。然诸有情,有俱生神⑤,随其所作,若罪若福,皆具书之,尽持授与琰魔法王。尔时,彼王推问其人,计算所作,随其罪福而处断之。

[注释]

①救脱:此菩萨以救人脱离苦难为业行,故而得名。

②知识:"朋友"的异称,知其心识之人。另外,还指以善法引导自己的人,通于师长。

③琰(yǎn)魔:又作炎摩、焰摩、阎魔、琰摩、焰魔、阎摩罗、阎摩罗社、琰摩逻阇、阎罗等,意译为缚,指绑缚有罪之人。琰魔是地狱之主,琰魔使是琰魔派出来的鬼卒使者,琰魔对罪人示以因果,使他们不再造恶,故又称琰魔法王。

④神识:近似于灵魂,有情的心识灵妙不可思议,故称神识。

⑤俱生神:属于天部,在人出生时与人俱生的神,记录人的善恶行为,在人死后向琰魔王报告。

[译文]

这时,听众中有一位叫作救脱的大菩萨,从座位上起身,偏袒一边的肩膀手臂,右面的膝盖跪在地上,弯腰合十对佛说:"大德世尊!像法时期,有众生为种种病患所困,长年累月地生病,还瘦弱,以至于水米不沾,喉咙嘴唇干燥,眼见四方暗黑,出现种种将死之相。其父母、亲属、朋友、师长,环绕啼哭。此时,他的身体虽然还躺在原处,却看见琰魔王的鬼使前来,将其神识牵引到琰魔王前。每一个众生都有一个与生俱来的神,他的所作所为,无论是善是恶,都被记载下来,拿给琰魔王。到了此时,琰魔王审问其人,计算考量他的平生作为,按照善恶而裁定他该受何等报应。

"时,彼病人亲属、知识,若能为彼归依世尊药师琉璃光如来,请诸众僧,转读此经,然七层之灯,悬五色续命神幡①,或有是处,彼识得还,如在梦中,明了自见。或经七日,或二十一日,或三十五日,或四十九日,彼识还时,如从梦觉,皆自忆知善不善业,所得果报,由自证见业果报故,乃至命难②,亦不造作诸恶之业。是故,净信善男子、善女人等,皆应受持药师琉璃光如来名号,随力所能,恭敬供养。"

[注释]

①续命神幡:以延续病人的寿命为目的的长幡,幡上书写着药师琉璃光如来的名号。

②命难:生命受到威胁的灾难。

[译文]

"此时,这个病人的家属、朋友如果能让其皈依药师琉璃光如来,并请众僧读诵《药师琉璃光如来本愿功德经》,点燃七层长明灯,悬挂五色续命的长幡,如此,病人有可能神识转还,他所经历的地狱中的情境就像做过的梦,能清晰明了地知道。或者经过七日,或者经历二十一日,或者经历三十五日,或者经历四十九日,等到病人的神识回还时,就如从梦里醒来一般,自己能回忆起善业、不善业所应得的果报。由于他自己亲见了业果报应,即便生命受到威胁,也不会再造恶业。因此,有清净信心的善男子、善女人都应该信受奉持药师琉璃光如来的名号,尽自己最大的可能恭敬供养药师如来。"

尔时,阿难问救脱菩萨曰:"善男子!应云何恭敬供养彼世尊药师琉璃光如来?续命幡灯,复云何造?"救脱菩萨言:"大德!若有病人,欲脱病苦,当为其人,七日七夜,受持八分斋戒。应以饮食及余资具,随力所办,供养苾刍僧。昼夜六时①,礼拜供养彼世尊药师琉璃光如来。读诵此经四十九遍,然四十九灯,造彼如来形像七躯,一一像前各置七灯,一一灯量大如车轮,乃至四十九日光明不绝。造五色彩幡,长四十九拃②手,应放杂类众生③至四十九,可得过度危厄之难,不为诸横恶鬼所持。

[注释]

①昼夜六时:古印度计时昼三时,夜三时,合为六时,即所谓的晨朝、日中、日没、初夜、中夜、后夜。

②拃（zhǎ）：表示张开的大拇指和中指（或小指）两端间的距离。

③杂类众生：种类繁杂的众生，如鸟雀、鱼虾、爬虫等。

[译文]

　　这个时候，阿难问救脱菩萨："善男子！应该怎样恭敬供养世尊药师琉璃光如来？接续寿命的幡和灯怎样建造？"救脱菩萨回答道："大德！如果有病人想要摆脱病苦，应当为这个人受持八分斋戒七天七夜。应当尽最大努力，以饭食及其他用具供养比丘僧。应当昼夜六时礼拜供养药师琉璃光如来。读诵本经四十九遍，点燃四十九盏灯，建造药师如来佛像七尊，每一尊佛像前各放置七盏灯，每一盏灯大小如车轮，灯要续燃四十九天，使光明不绝。再用五色缎造彩幡，各长四十九拃，应放生四十九种生物，这样就可以度过危险，不会横死或者被恶鬼所捉持。

　　"复次，阿难！若刹帝利、灌顶王①等，灾难起时，所谓人众疾疫难，他国侵逼难，自界叛逆难，星宿变怪难，日月薄蚀②难，非时风雨难，过时不雨难。彼刹帝利、灌顶王等，尔时应于一切有情起慈悲心，赦诸系闭③。依前所说供养之法，供养彼世尊药师琉璃光如来。由此善根，及彼如来本愿力故，令其国界即得安隐，风雨顺时，谷稼成熟，一切有情无病欢乐。于其国中，无有暴恶药叉等神，恼有情者。一切恶相，皆即隐没。而刹帝利、灌顶王等，寿命色力，无病自在，皆得增益。阿难！若帝后、妃主、储君、王子、大臣、辅相、中宫、采女、百官、黎庶为病所苦，及余厄难，亦应造立五色神幡，然灯续明，放诸生命，散杂色华，烧众名香，病得除愈，众难解脱。"

[注释]

①灌顶王：即国王。古印度有这样的习俗，太子将要登上王位之际，要举行灌顶仪式，也就是取东、南、西、北四大海水浇灌在太子头顶，近似于现代的加冕，由此登上王位，称灌顶王。

②薄蚀：即薄食。指日月相掩食。

③系闭：指被系缚囚禁的犯人。

[译文]

"再者，阿难！如果刹帝利、灌顶王等遇到诸种灾难发生时，即所谓的百姓中瘟疫疾病传播的灾难，其他国家侵略逼害的灾难，自己国家发生叛乱的灾难，星宿发生变异、出现怪相的灾难，日月发生日食和月食的灾难，风雨出现在不应当刮风下雨之时的灾难，过了时间而不下雨的灾难等。这时，刹帝利、灌顶王应该对于一切众生生起慈悲之心，大赦囚徒，并依照前面所说的供养方法，供养药师琉璃光如来。由于这个善根及药师如来本愿的加持力，可以让其国界内和平安宁，风调雨顺，五谷丰登，一切众生康乐。在他的国家中，没有暴虐的药叉等恶神恼害众生，一切不吉祥的恶相也消失了。而刹帝利、灌顶王等也能延年益寿，精力充沛，无病无灾，身心自在。阿难！如果帝后、宫妃、储君、王子、大臣、宰相、宦官、宫婢、百官、黎民百姓遭受病苦及其他的苦难，也应该造五色神幡，点燃长命灯勿使熄灭，放生种种生物，散各色鲜花，烧各种名贵的香，病就会痊愈，所有的灾难就会化解。"

尔时，阿难问救脱菩萨言："善男子！云何已尽之命而可增益？"救脱菩萨言："大德！汝岂不闻如来说有九横死耶？是故劝造续命幡灯，修诸福德，以修福故，尽其寿命不经苦患。"阿难问言："九横云何？"救脱菩萨言："若诸有情，得病虽轻，然无医药及看病者，设复遇医，授以非药，实不应死而便横死。又信世间邪魔、外道、妖孽之师，妄说祸福，便生恐动，心不自正，卜问觅祸，杀种种众生，解奏①神明，呼诸魍魉②，请乞福祐，欲冀延年，终不能得。愚痴迷惑，信邪倒见，遂令横死，入于地狱，无有出期，是名初横。二者横被王法之所诛戮。三者畋猎嬉戏，耽淫嗜酒，放逸无度，横为非人夺其精气。四者横为火焚。五者横为水溺。六者横为种种恶兽所啖。七者横堕山崖。八者横为毒药、厌祷、咒诅、起尸鬼等之所中害。九者饥渴所困，不得饮食而便横死。是为如来略说横死，有此九种，其余复有无量诸横，难可具说。

[注释]

①解奏：解，解怨释结。奏，上文给神明。

②魍魉（wǎng liǎng）：鬼神之名，或指吸取山川精气而成的妖怪。

[译文]

这时，阿难问救脱菩萨道："善男子！为什么众生出现死相的生命还可以得到增长？"救脱菩萨说："大德！你难道没有听如来说有九种横死吗？因此劝人造延续生命的幡、灯，修种种福德，因为修福德的缘故，一直到寿尽命终之前，都不会遭受各种苦难。"阿难问道："九种横死是什么样子的？"救脱菩萨说："如果众生得的病虽然很轻，但由于没有医药、医生，或者遇到医生给他开错了药，他其实不应该死却意外死亡了。又有众生信世间的邪魔、外道、妖孽之师，听其妄说祸福，产生畏惧动摇之心，心念邪乱，于是抽签卜卦，寻找祸根，杀猪、羊等众生祭祀禀奏神明，召请各种魑魅魍魉福佑自己，希望能延年益寿，最后也不能得偿所愿。愚痴无智，相信邪见、颠倒见，遂使自己意外死亡，堕入地狱，永无超脱之日，这就是初横。第二横死是身犯王法被诛。第三横死是田猎嬉戏，沉溺于淫欲、酒色，放纵欲望，没有节制，被邪神恶鬼夺取精气而亡。第四横死为死于火灾。第五横死为被水溺死。第六横死为被种种恶兽所食。第七横死为掉下山崖摔死。第八横死为被毒药、压胜、诅咒、起尸鬼所害。第九横死为饮食缺乏，饥饿而死。这就是如来简略所说的九种横死。除此而外，还有无量的横死，难以一一细说。

"复次，阿难！彼琰魔王主领世间名籍之记，若诸有情，不孝五逆①，破辱三宝，坏君臣法，毁于性戒②，琰魔法王，随罪轻重，考而罚之。是故我今劝诸有情，然灯造幡，放生修福，令度苦厄，不遭众难。"

[注释]

①五逆：又称五逆罪。因这五条罪违背理法，故称逆。一切罪法中，五逆最重。五逆指：1. 弑父。2. 弑母。3. 弑阿罗汉。4. 出佛身血，伤害佛的身体。5. 破和合僧，即挑拨原本和合的僧团，使其发生摩擦以致分裂。

②性戒：指本性中的恶法。对此，人人都应该禁戒，如杀生、邪淫、偷盗等，无论受戒与否，违犯了都有过失。

[译文]

"再者，阿难！琰魔王掌管世间众生善恶的名籍簿，如果众生中有不孝顺、犯五逆重罪、迫害辱没三宝、破坏君臣之法、毁坏性戒者，琰魔王会根据其所犯罪行的轻重，拷问处罚。所以，我现在劝众生燃灯造幡，放生修福德，使其消除苦厄，不遭受种种苦难。"

尔时，众中有十二药叉大将①，俱在会坐，所谓：宫毗罗②大将、伐折罗③大将、迷企罗④大将、安底罗⑤大将、頞你罗⑥大将、珊底罗⑦大将、因达罗⑧大将、波夷罗⑨大将、摩虎罗⑩大将、真达罗⑪大将、招杜罗⑫大将、毗羯魔⑬大将，此十二药叉大将，一一各有七千药叉，以为眷属，同时举声白佛言：世尊！我等今者蒙佛威力，得闻世尊药师琉璃光如来名号，不复更有恶趣之怖。我等相率⑭，皆同一心，乃至尽形归佛法僧，誓当荷负一切有情，为作义利，饶益安乐。随于何等村城、国邑、空闲林中，若有流布此经，或复受持药师琉璃光如来名号，恭敬供养者，我等眷属卫护是人，皆使解脱一切苦难，诸有愿求，悉令满足。或有疾厄求度脱者，亦应读诵此经，以五色缕，结我名字，得如愿已，然后解结。

[注释]

①十二药叉大将：药叉统摄于毗沙门天之下，部属很多，这十二位为领导者，故名大将。

②宫毗罗：意为蛟龙。其头为金龙相，住在王舍城的山上，与佛教关系密切，曾经阻止过提婆达多对佛陀的谋害。

③伐折罗：意为金刚。此大将手执金刚杵。

④迷企罗：意为金带。此大将腰间束有金带。

⑤安底罗：意为破空山。

⑥頞(è)你罗：意为沉香。

⑦珊底罗：意为螺发。

⑧因达罗：意为帝释。

⑨波夷罗：意为鲸鱼。此大将长大如鲸。

⑩摩虎罗：意为蟒龙。

⑪真达罗：意为一角。此大将头有一角。

⑫招杜罗：意为严帜，又云杀者。

⑬毗羯魔：意为工艺善巧。

⑭相率：相继，一个接一个，全部。

[译文]

　　这时，大众中有十二位药叉大将在座，他们是：宫毗罗大将、伐折罗大将、迷企罗大将、安底罗大将、頞你罗大将、珊底罗大将、因达罗大将、波夷罗大将、摩虎罗大将、真达罗大将、招杜罗大将、毗羯魔大将。这十二位药叉大将各自有七千药叉为眷属。他们同时出声对佛说："世尊！我们今天蒙佛威力加持，得以听闻药师琉璃光如来的名号，不再有堕入恶趣的恐怖。我们全部一直到死都诚心诚意地皈依佛法僧，立誓当护卫一切众生，做种种有利于他们的事情，使他们得到利益，安宁欢乐。无论在什么样的村庄、城市、都城、空旷的山林中，若有传播此经者，或者持诵药师琉璃光如来名号，或者对药师如来恭敬地加以供养者，我们的夜叉眷属会护卫此人，使其解脱一切苦难，满足他所有的愿望请求。或者有病苦求从中解脱者，也应该读诵此经，用五色丝缕结成我们的名字，等到愿望满足了，再解开结。"

　　尔时，世尊赞诸药叉大将言："善哉！善哉！大药叉将！汝等

念报世尊药师琉璃光如来恩德者,常应如是利益安乐一切有情。"

[译文]

这时,世尊对诸位药叉大将赞叹道:"好啊!好啊!大药叉将!你们想着回报世尊药师琉璃光如来的恩德,应该如此常使一切众生得到利益、得到安乐。"

尔时,阿难白佛言:"世尊!当何名此法门?我等云何奉持?"佛告阿难:"此法门名说药师琉璃光如来本愿功德,亦名说十二神将饶益有情结愿神咒,亦名拔除一切业障①。应如是持。"

[注释]

①业障:因众生身、口、意所造诸恶业能遮蔽、障碍正道,故称业障。

[译文]

这时,阿难问佛说:"世尊!该如何称呼这个法门?我们如何信受奉行呢?"佛告诉阿难:"这个法门名字叫作药师琉璃光如来本愿功德,也叫作十二神将饶益有情结愿神咒,也叫作拔除一切业障。你们应如此信受奉行。"

时薄伽梵说是语已,诸菩萨摩诃萨,及大声闻、国王、大臣、婆罗门、居士、天、龙、药叉、健达缚①、阿素洛②、揭路荼③、紧捺洛④、莫呼洛伽⑤、人、非人等,一切大众,闻佛所说,皆大欢喜，信受奉行⑥。

[注释]

①健达缚：八部众之一，又称作乾闼婆，意为食香、寻香。其与紧那罗一起侍奉帝释天，其职责为司奏雅乐，不食酒肉，唯以香气为食。

②阿素洛：八部众之一，又称阿修罗、阿苏罗、阿须罗，意为非天、非同类、不端正。其有天的福报而无天的德行，性好斗，常与帝释天争斗。

③揭路荼（tú）：八部众之一，又称迦楼罗、迦留罗，是鸟的名字，译作金翅鸟、妙翅鸟，是印度神话中的巨鸟，以龙为食。

④紧捺（nà）洛：八部众之一，又称紧那罗、紧捺罗，意为疑神、疑人。此神形貌与人相似，但头顶有一角，使人见而怀疑，故称为疑神、疑人。此神声音美妙，能歌舞。

⑤莫呼洛伽：八部众之一，又称摩睺罗迦、摩呼罗迦，译作大腹行，即大蟒神。

⑥信受奉行：谓信受如来所说之法而奉行之。这个术语多在佛经文末用之。

[译文]

当薄伽梵说完这些话后，众位大菩萨、大声闻、国王、大臣、婆罗门、居士、天、龙、药叉、健达缚、阿素洛、揭路荼、紧捺洛、莫呼洛伽、人、非人等，一切在法会中的大众，听了佛所说的内容，感到极大欢喜，信受奉行。

参考书目

吴汝钧. 佛教大辞典[M]. 北京：商务印书馆，1995.

丁福保. 佛学大辞典[M]. 北京：中国书店，2011.

任继愈. 佛教大辞典[M]. 南京：凤凰出版社，2002.

蓝吉富. 中华佛教百科全书[M]. 台南："中华佛教百科文献基金会"，1994.

实叉难陀，玄奘. 地藏经 药师经[M]. 许颖，译注. 北京：中华书局，2012.

张崇依. 地藏经·药师经译注[M]. 上海：上海三联书店，2014.

释净空. 地藏菩萨本愿经：讲记[M]. 北京：线装书局，2010.

太虚法师. 药师经讲记[M]. 上海：上海古籍出版社，2014.

释印顺. 药师经讲记[M]. 北京：中华书局，2010.

蒲正信. 药师经注释[M]. 成都：巴蜀书社，2005.

南怀瑾. 药师经的济世观[M]. 上海：复旦大学出版社，2002.

张总. 地藏信仰研究[M]. 北京：宗教文化出版社，2003.

家藏文库书目（持续更新中）

大学　中庸
三国志选注译（上、中、下）
水经注
唐才子传
商君书
孔子家语
法言
随园食单
板桥杂记
抱朴子内篇
大唐西域记（上、下）
洛阳伽蓝记
地藏经　药师经
东坡志林
朱子读书法
武林旧事　附《增补武林旧事》
徐霞客游记（上、下）
曾国藩家书
梁启超家书
古诗十九首　乐府诗选
阮籍诗选
庾信选集
孟浩然诗选
李杜诗选（上、下）
韩愈诗选
柳宗元诗选
杜牧诗选
苏轼诗文选

黄庭坚诗选
陆游诗文选
王阳明诗文选（上、下）
花间集（上、下）
晏殊　晏几道词选
欧阳修词选
苏轼词选
秦观词
周邦彦词
姜夔词
豪放词
婉约词
先秦散文选
唐宋散文选
晚明散文选
唐人小说选
牡丹亭　窦娥冤
西厢记　桃花扇
喻世明言
警世通言
聊斋志异
镜花缘
儒林外史
千家诗
帝鉴图说
四字鉴略
声律启蒙　笠翁对韵
重订增广贤文　名贤集